Medienerziehung in der Familie

Medienerziehung in der Familie

Ein Ratgeber für Eltern

von
Ulrike Six und Roland Gimmler

Schriftenreihe der Medienanstalt
Hamburg / Schleswig-Holstein (MA HSH)

Band 3

VISTAS

Bibliografische Information der Deutschen Nationalbibliothek
Die Deutsche Nationalbibliothek verzeichnet diese Publikation in der Deutschen Nationalbibliografie; detaillierte bibliografische Daten sind im Internet über http://dnb.d-nb.de abrufbar.

Herausgeber:
Medienanstalt Hamburg /
Schleswig-Holstein (MA HSH)

Verlag:
VISTAS Verlag GmbH
Goltzstraße 11
10781 Berlin
Tel.: 030/32 70 74 46
Fax: 030/32 70 74 55
E-Mail: medienverlag@vistas.de
Internet: www.vistas.de

ISSN 1865-4169
ISBN 978-3-89158-535-1

Umschlaggestaltung: Lemon Design · Kiel
Satz und Layout: Lemon Design · Kiel
Fotos: Lia Darjes · Berlin
Druck: Bosch-Druck · Landshut
Produktion: VISTAS media production · Berlin

INHALT

GRUSSWORT

Liebe Leserin, lieber Leser,

Medienkompetenz ist nicht nur in aller Munde - sie ist auch immer mehr gefordert. Gemeint ist nicht nur, immer neue Geräte technisch nutzen zu können. Sondern vor allem die Fähigkeit, auf das wachsende Medienangebot zugreifen, daraus sinnvoll auswählen und davon selbstbestimmt Gebrauch machen zu können. Medienkompetenz ist ein Schlüssel, um an Informationen jeder Art zu gelangen und an Gesellschaft teilzuhaben, zum Beispiel in sozialen Netzwerken des Internets. Das erfordert zu lernen, wie man Medien sinnvoll und verantwortlich nutzt - ohne anderen und sich selbst zu schaden, und wie man mögliche Gefahren erkennt und vermeidet.

Die Landesregierung möchte Sie dabei unterstützen, mit der unglaublichen Vielfalt an Informationen und Unterhaltungsmöglichkeiten, die moderne Medien bereitstellen, kompetent umzugehen. Diesem Zweck dient der Ratgeber der gemeinsamen Landesmedienanstalt Hamburg / Schleswig-Holstein. Der Ratgeber soll helfen, Fragen zu beantworten, die junge Menschen und ihre Eltern im Umgang mit Medien stellen.

Medienkompetenz ist nicht einfach eine weitere Anforderung, die zu den traditionellen Bildungsinhalten dazugekommen ist, sie verändert diese auch. So ist es heute sehr viel einfacher als in der Vergangenheit, zu jedem beliebigen Thema in Sekundenschnelle Informationen aus „dem Netz“ zu ziehen. Zugleich ist es aber schwerer, aus der Informationsflut tatsächlich relevante Informationen auszuwählen. Vor allem erfordern die Bedingungen des Internets, dass

Informationsquellen sachgerecht bewertet und ihre Glaubwürdigkeit nicht unkritisch hingenommen wird -viel mehr als es früher der Fall war. Umgekehrt ist es wichtig sich darüber im Klaren zu sein, dass Nutzer eine Fülle - zum Teil sehr persönlicher - Informationen und visueller Eindrücke von sich „im Netz" hinterlassen.

Der Umgang mit modernen Informations- und Kommunikationstechnologien erfordert also viel mehr als ihre bloße technische Beherrschung. Auch als aufgeschlossene und informierte Eltern müssen Sie aber nicht jede Anwendungsmöglichkeit Ihres Handys oder eines Internetdienstes kennen und anwenden können. Sie können sich dabei ruhig von ihren Kindern helfen lassen - ein guter Anlass, um über Nutzen und Risiken der jeweiligen Anwendung zu sprechen.

Anregungen und Informationen dazu bietet diese Broschüre. Ich würde mich freuen, wenn sie Ihnen und Ihrer Familie dabei hilft, mehr über neue und alte Medien zu erfahren und souverän von den vielfältigen Angeboten Gebrauch zu machen.

Dr. Heiner Garg
Minister für Arbeit, Soziales und Gesundheit des Landes Schleswig-Holstein

VORWORT

Liebe Leserinnen und Leser,

Medien sind inzwischen zweifelsohne zentraler Bestandteil der Lebenswelt von Kindern und Jugendlichen. Die Anforderungen, die verschiedenen Medien und Geräte - vom Fernsehen über den Computer bis zum internetfähigen Handy - mit ihren jeweiligen Angeboten sinnvoll einzusetzen, sind hoch. Deswegen wird Medienkompetenz inzwischen auch als vierte Kulturtechnik bezeichnet. Sie ist eine Schlüsselqualifikation für die Zukunft und entscheidet in hohem Maße darüber, welche Bildungschancen sich Kindern und Jugendlichen eröffnen.

Mit Medienkompetenz ist allerdings weit mehr gemeint als die Fähigkeit, mit Fernbedienung und Festplattenrecorder, mit Maus und iPhone umgehen zu können. Gemeint ist auch das Wissen, wie man sich in Kommunikationsforen verhalten sollte oder welche Gefahren in der freigiebigen Preisgabe von Daten im Netz liegen. Gemeint ist ebenso ein reflektierter Umgang mit Castings-Shows im Fernsehen wie die grundsätzliche Kompetenz, relevante Inhalte von unwichtigen oder gar gefährdenden zu unterscheiden.

Um eine solche Beurteilungskompetenz bei der Mediennutzung entwickeln zu können, brauchen Kinder und Jugendliche pädagogische Begleitung. Dabei kommt Eltern eine besondere Bedeutung zu. Doch sind Eltern ausreichend auf diese Aufgabe vorbereitet? Was wissen sie selbst über den Umgang mit den neuen Medien? Sind sie in der Lage, Kindern und Jugendlichen die dringend notwendige Unterstützung und Orientierung zu geben?

Zwar tragen eine Reihe von gesetzlichen Bestimmungen dafür Sorge, dass Kinder und Jugendliche mit beeinträchtigenden oder schädigenden Medieninhalten möglichst nicht in Berührung kommen. Ihre Umsetzung bedarf aber der aktiven Mitarbeit der Eltern. So werden beispielsweise Inhalte im Internet nur dann ausgefiltert, wenn Eltern sich bewusst dafür entscheiden, ein Jugendschutzprogramm zu installieren. Gleiches gilt für das Fernsehangebot: Altersfreigaben und Sendezeitempfehlungen funktionieren nur bei einer aufmerksamen Begleitung des Medienkonsums von Kindern und Jugendlichen durch verantwortungsvolle Eltern.

Es ist das Anliegen dieses Ratgebers, Eltern bei einer konstruktiven Begleitung der Mediennutzung ihrer Kinder zu unterstützen und Hintergründe einer sinnvollen Mediennutzung zu erläutern.

Als Einstiegslektüre wendet sich dieses Buch auch an Personen, die die Förderung von Medienkompetenz in ihre berufliche pädagogische Tätigkeit einbinden wollen. Es versteht sich als Nachschlagewerk, das allen, die Medienkompetenz vermitteln möchten, Anregungen, Information und Orientierung bietet.

Thomas Fuchs
Direktor der Medienanstalt Hamburg / Schleswig-Holstein (MA HSH)

Norderstedt, im September 2010

1 WOZU DIENT DIESER RATGEBER?

Medien sind aus unserem Alltag nicht mehr wegzudenken. Nur selten machen wir uns noch bewusst, wie viele unserer Aktivitäten tatsächlich mit Medien ablaufen: angefangen vom Aufwachen mit dem Radiowecker und dem Blick in die Zeitung, über Terminplanung oder Plauderei per Handy und Informationssuche per Internet, bis hin zum abendlichen Fernsehen und dem Lesen vor dem Einschlafen.

Auch das Aufwachsen heutiger Kinder wird von Medien begleitet und mit geprägt. Medien sind für Kinder attraktiv und wichtig und werden von ihnen selbstverständlich und ausgiebig genutzt. Dies betrifft keineswegs nur die Mediennutzung zu Hause, sondern auch diejenige außerhalb der Familie, sei es unterwegs per Handy, bei Freunden oder Nachbarn. Medien eröffnen Kindern eine Vielfalt an Chancen, sind aber auch mit etlichen, teilweise gravierenden Risiken verbunden.

Aus all solchen Gründen ist es wichtig, Kinder möglichst frühzeitig für einen sinnvollen und umsichtigen Medienumgang anzuleiten und sie in ihrer Medienkompetenz zu fördern. Hier sind zunächst vorrangig die Eltern gefragt.

Doch das Angebot an Medien und deren Nutzungsmöglichkeiten ist ein wahrer Dschungel, der Medienumgang der Kinder uns oft ein Rätsel und die Medienerziehung in der Familie eine zunehmend schwierige Aufgabe.

Und was ist eigentlich „Medienerziehung"? Was bedeutet das Schlagwort „Medienkompetenz"? Und vor allem: Wie können Eltern hier auch ohne großen Aufwand vorgehen?

Solche Fragen von Eltern greift der vorliegende Ratgeber auf: Er bietet Informationen, Anregungen und Tipps zur Medienerziehung in der Familie und erklärt dabei auch, welche Chancen und Risiken mit der Mediennutzung verbunden sind, weshalb die Förderung von Medienkompetenz notwendig ist und worauf Eltern beim Medienumgang ihrer Kinder achten sollten.

Der Ratgeber wendet sich in erster Linie an Eltern mit Kindern im Alter zwischen etwa sechs und 14 Jahren. Viele unserer Anregungen und Hilfestellungen eignen sich aber auch für Eltern mit jüngeren Kindern oder etwas älteren Heranwachsenden.

Darüber hinaus können auch Lehrkräfte sowie Fachkräfte in Kindertageseinrichtungen und der außerschulischen Jugendarbeit aus dem Ratgeber sinnvolle Hinweise für ihre Arbeit ableiten.

In den Kapiteln 2 bis 6 geht es um die Medienerziehung mit Blick auf Medien insgesamt. Kapitel 7 bis 16 richten sich dagegen auf bestimmte einzelne Medien, gehen auf spezielle Fragen und Probleme ein und vermitteln Ihnen jeweils entsprechende Informationen, Anregungen und Hilfestellungen.

An vielen Stellen des Ratgebers geben wir zudem Adressen an, an die Sie sich wenden können, um weiterführende Informationen, Anregungen oder auch Hilfe zu erhalten – sei es in Form von Elternbroschüren oder etwa Internetportalen. Manche Adressen sind direkt in den Kapiteln angegeben; häufig wird aber auf Adressen im Anhang verwiesen, die dort kommentiert und zum leichteren Auffinden mit Nummern versehen sind.

Natürlich empfiehlt es sich, den Ratgeber in seiner ganzen Breite zu nutzen. In jedem Fall sollten Sie aber die Kapitel 3 bis 6 lesen, bevor Sie aus den Kapiteln 7 bis 16 – je nach Interesse und Bedarf – gegebenenfalls einzelne Abschnitte auswählen.

2 AUF WELCHE FRAGEN VON ELTERN ZUM MEDIENUMGANG IHRER KINDER GIBT DIESER RATGEBER ANTWORTEN?

Fast alle Eltern stehen immer wieder vor Fragen, Problemen und Konflikten, wenn es um Medienwünsche und den Medienumgang ihrer heranwachsenden Kinder geht: etwa darum, ob man dem Wunsch des Kindes, endlich auch einen eigenen Fernseher oder ein Handy zu bekommen, nachgeben soll, welche Filme oder Computerspiele für welches Alter schon geeignet sind und wie lange die Kinder pro Tag am Computer spielen oder abends fernsehen dürfen. Verständlicherweise fühlt man sich als Eltern dabei oft ratlos und überfordert.

Die folgenden Beispiele kommen Ihnen sicher teilweise bekannt vor:

Abends sehen die Eltern häufig fern. Ihr 12-jähriger Sohn Timo darf werktags bis 22 Uhr aufbleiben und sieht bis dahin oft mit ihnen gemeinsam fern. Die achtjährige Tochter Hanna dagegen soll eigentlich immer um 20.30 Uhr im Bett sein, bettelt dann oft aber um jede Minute, um wie ihr großer Bruder noch bleiben zu dürfen, und kommt auch später immer wieder mit neuen Ausreden aus dem Bett ins Wohnzimmer. Meist geben die Eltern schließlich nach, um ihre Ruhe zu haben, ärgern sich dann oft aber über sich selbst. Wie sie „dieses ewige Theater" um das abendliche Fernsehen abschaffen können, ist ihnen ein Rätsel.

Der siebenjährige Jan hat von seinem Vater gezeigt bekommen, wie man am Computer schreiben, malen und rechnen, aber auch kostenlos Spiele runterladen und spielen kann. Immer häufiger möchte Jan nun an den Computer seines Vaters, der ihn oft aber selbst braucht. Darum wünscht sich Jan jetzt einen eigenen Computer, zumal etliche seiner Freunde schon einen Computer haben und er ihn wohl auch gut für die Schule gebrauchen könnte. Die Eltern fragen sich, ob sie einem Siebenjährigen wirklich schon einen eigenen Computer kaufen sollen.

Frau Müller erhält eine Rechnung über ein recht teures Abonnement für das Herunterladen von Filmen und Musik im Internet. Sie wundert sich, da sie bisher weder auf dieser Internetseite war noch überhaupt jemals etwas im Internet bestellt hat. Nachfragen in der Familie ergeben, dass ihr Sohn, als er allein im Internet war, sich bei dieser Internetseite angemeldet hat, um sich einen Film anzusehen. Da dies aber nur für Volljährige erlaubt ist, hat er sich mit dem Namen seiner Mutter angemeldet. Dabei hat er ohne ihr Wissen das Abo abgeschlossen.

Fabian spielt seit Wochen täglich stundenlang an seinem PC. Nun sind seine schulischen Leistungen auffallend schlechter geworden. Außerdem verkriecht er sich fast ständig in sein Zimmer und ist kaum noch ansprechbar. Seine Eltern machen sich Sorgen und verbieten dem Jungen vorübergehend das Computerspielen. Seit sie aber bemerkt haben, dass Fabian inzwischen heimlich am PC spielt, gibt es oft Streit.

Nach längerem Betteln hat Sarah zum Geburtstag ein Handy bekommen. Ihr Vater weist sie darauf hin, sie solle aber nicht viel und schon gar nicht nur zum Spaß damit telefonieren, da sonst die Kosten ausuferten. Trotzdem reicht Sarahs Taschengeld schon bald nicht zum Begleichen der Rechnungen aus. Als der Vater Sarah deshalb zur Rede stellt, muss er feststellen, dass sie sich zwar an die Vereinbarung gehalten hat, aber so viele SMS mit ihren Freundinnen geschrieben und so viele Videoclips per Handy runtergeladen hat, dass die Handy-Rechnungen unerwartet hoch sind. An solche Möglichkeiten hat er vorher gar nicht gedacht.

Der 13-jährige Tobias wünscht sich ein Computerspiel, von dem seine Freunde ständig schwärmen, während er es als einziger noch nicht hat. Damit er nicht zum Außenseiter in der Clique wird, würden seine Eltern ihm das

Spiel nun gern zu Weihnachten schenken. Im Geschäft spricht sie das Cover durchaus an; der Verkäufer macht sie allerdings darauf aufmerksam, das Spiel sei „erst ab 16“ freigegeben, wie auch auf der Verpackung steht. Um ihrem Sohn aber den Wunsch zu erfüllen, kaufen sie es ihm trotzdem.

Lena chattet oft im Internet. Neuerdings macht sie auf die Eltern einen verstörten Eindruck. Auf eine entsprechende Nachfrage erfahren sie, dass Lena im Chat von anderen beleidigt und gemobbt wird und nun auch schon Klassenkameraden, die ebenfalls häufig in diesem Chat sind, den dort verbreiteten Gerüchten über Lena glauben. Weder die Eltern noch Lena haben jemals damit gerechnet, dass so etwas beim Chatten passieren kann.

Wahrscheinlich haben Sie schon ähnliche Erfahrungen gemacht, und es fallen Ihnen selbst zahlreiche weitere Beispiele ein.

Im Folgenden fassen wir Unsicherheiten und Probleme, die Eltern häufig mit den Medienwünschen und dem Medienumgang ihrer Kinder haben, als Fragenkomplexe zusammen und geben jeweils an, in welchen Kapiteln unseres Ratgebers entsprechende Antworten zu finden sind.

- Ab welchem Alter kann man Kinder welche Medien ohne Bedenken nutzen lassen? Und ab wann ist es unproblematisch oder auch ratsam, dass Kinder eigene Mediengeräte besitzen, zum Beispiel Fernsehen, Computer, Handy?

  Solche Fragen werden in verschiedenen Kapiteln des Ratgebers angesprochen, vor allem in Kapitel 5.1. Allerdings wird dabei immer wieder betont, dass das Alter nur eines von zahlreichen Kriterien ist. Ähnliches gilt auch für folgende Fragen:

- Welche Medienangebote, zum Beispiel Fernsehsendungen oder Computerspiele, und welche Anwendungen beziehungsweise Nutzungsmöglichkeiten zum Beispiel beim Handy und/oder im Internet sind für Kinder in welchem Alter geeignet oder auch förderlich und welche weniger? Wonach können wir Medien beurteilen und eine sinnvolle Auswahl für unsere Kinder treffen? Was ist entsprechend bei der Anschaffung von Geräten wie Handys oder einzelnen Medienprodukten wie Computerspielen zu beachten und was beim Einrichten neuer Geräte (zum Beispiel Computer)?

Auf solche Fragen finden Sie Antworten in Kapitel 5 sowie differenziert nach verschiedenen Medien beziehungsweise Medieninhalten in Kapitel 7 bis 13.

- Gibt es Medien, bestimmte Anwendungen oder einzelne Medienprodukte, die für Kinder zumindest bestimmter Altersgruppen besonders fragwürdig sind oder gar gefährlich sein können, oder muss man sich keine Gedanken machen, weil es ja den Jugendmedienschutz gibt? Worin liegen die Risiken dann, und wie wirken sich Medien überhaupt auf unsere Kinder aus?

  Dieser Fragenkomplex wird vor allem in den Kapiteln 3 sowie 7 bis 13 aufgegriffen in den Kapiteln 15 und 16 speziell bezüglich möglicher finanzieller und rechtlicher Risiken etwa mit Blick auf Handy und Internet.

- Wenn man seine Kinder vor riskanten Medien schützen will, ist dafür Medienerziehung erforderlich, oder was sollte man tun? Und ist Medienerziehung denn auch für die Nutzung unbedenklicher oder sogar förderlicher Medien nötig?

  Antworten auf solche Fragen finden Sie vorrangig in Kapitel 3 sowie für bestimmte Medien in den Kapiteln 7 bis 14.

- Überall, auch in der Schule, redet man von Medienerziehung und der Förderung von Medienkompetenz: Was ist das überhaupt, was brauchen wir Eltern dafür, und wie soll ich mir das praktisch vorstellen? Hierauf gehen wir vor allem in Kapitel 4 ein.

- Was reizt Kinder an Medien eigentlich so sehr und warum fesseln manche Medienangebote sie so besonders? Und wenn sie dann oft stundenlang fernsehen oder am Computer spielen, ist das bedenklich?

Die Faszinationskraft von Medien sprechen wir in verschiedenen Kapiteln an: in Kapitel 7 bis 13 bezogen auf bestimmte Medien, allgemeiner aber zunächst in Kapitel 3.4. Um den problematischen Nutzungsumfang, zum Beispiel „Computerspielsucht", geht es insbesondere in Kapitel 6.

3 WARUM IST MEDIENERZIEHUNG IN DER FAMILIE NOTWENDIG?

Im vorigen Kapitel haben wir Unsicherheiten und Probleme von Eltern zur Medienerziehung ihrer Kinder zusammengefasst. Antworten auf einige dieser Fragen geben wir Ihnen schon in diesem Kapitel. Hier geht es uns darum, Ihnen zu erklären, weshalb Medienerziehung in der Familie notwendig und wichtig ist. Bei einem Blick auf die Teilnahme am Straßenverkehr ist jedem sofort klar, dass Kinder hierauf (durch Verkehrserziehung) vorbereitet werden müssen. Viel weniger ist es dagegen auf Anhieb einleuchtend, dass Kinder auch für die Mediennutzung „fit" gemacht werden müssen: Dies gilt sowohl im Hinblick darauf, die vielfältigen mit Medien verbundenen Chancen tatsächlich zu nutzen, als auch die möglichen Gefahren angemessen einzuschätzen und weitestgehend zu reduzieren.

3.1 Medienumwelt und Medienumgang von Kindern

Die Vielfalt der heutigen Medien

> **Die heutige Medienumwelt ist so vielfältig wie nie zuvor.**

Neben den klassischen Medien – wie Radio, Fernsehen, Bücher oder Telefon – gibt es heutzutage eine Vielzahl neuerer Mediengeräte, -produkte und -anwendungen. Und es kommen immer wieder neue Nutzungs- und Einsatzmöglichkeiten hinzu. So kann man mit dem Computer Radio hören, fernsehen oder mittels DVD Spielfilme anschauen, sich per Internet Informationen aus der ganzen Welt verschaffen oder selbst etwas veröffentlichen (zum Beispiel eigene Bilder oder Texte). All das gilt ebenso für das Handy, mit dem man fotografieren, weltweit mit anderen kommunizieren oder Musik, Spiele oder Filme herunterladen kann. Dies sind nur einige Beispiele aus der nahezu unendlichen Vielfalt an Möglichkeiten der modernen „multifunktionalen" Medien (zu Computer, Internet und Handy siehe Kapitel 8, 10 und 11).

Um sich aber in dieser Vielfalt zurechtfinden und die Möglichkeiten der Medienumwelt sinnvoll nutzen zu können, braucht man entsprechende Kenntnisse und Fähigkeiten. Dies gilt sowohl für Eltern als auch für Kinder.

Die Allgegenwart von Medien

Kinder werden heutzutage in verschiedenster Form und an verschiedensten Orten mit Medien konfrontiert. Gleichzeitig sind sie eine wichtige Zielgruppe für den Medien- und Werbemarkt: Sie werden von speziellen Kindermedienangeboten angesprochen und von Werbestrategien umworben. Dazu gehört auch, dass sie fast ständig von Dingen umgeben sind, die mit Medien zu tun haben. So gibt es beispielsweise TV-Serienfiguren oft auch als Spielzeug und Aufkleber, entsprechend geformte oder bedruckte Rucksäcke, Kleidungsstücke und Produktverpackungen.

Medien umgeben uns heutzutage nahezu überall und werden auch von Kindern viel genutzt.

Vielfach machen wir uns kaum noch bewusst, wie viele unserer Alltagsaktivitäten tatsächlich mit Medien ablaufen: angefangen von Plaudereien oder Terminabsprachen per Handy, dem Lesen vor dem Einschlafen, bis hin zur schnellen Informationssuche mit einer Internet-Suchmaschine (zum Beispiel Google).

Der Stellenwert von Medien in der Freizeit von Kindern

Auch für Kinder sind Medien fast überall und jederzeit verfügbar. Nahezu von Beginn an sind sie mit einem breiten Medienensemble ausgestattet, das sie ausgiebig wie auch selbstverständlich nutzen.

Kinder bringen einen erheblichen Teil ihrer Freizeit mit Medien zu.

Schon sechsjährige Kinder verbringen in ihrer Freizeit pro Tag durchschnittlich immerhin fast 2,5 Stunden, Neunjährige bereits über drei Stunden mit den verschiedenen Medien. Bei 13-Jährigen macht die Mediennutzung im

Durchschnitt pro Tag weit mehr als vier Stunden ihrer Freizeit aus. Wie immer bei Durchschnittswerten, ist auch hier allerdings zu beachten, dass natürlich viele Kinder weitaus weniger und andere weitaus mehr Zeit mit Medien verbringen.

An der Spitze der Mediennutzung liegt bis etwa Ende des Grundschulalters das Fernsehen, während mit zunehmendem Alter auch die Nutzung von Computer (und dabei auch von Internetanwendungen), Handy und MP3-Player eine ähnlich große Rolle spielt.

Bereits vor dem Hintergrund der bislang genannten Fakten müssen Kinder für einen sinnvollen und umsichtigen Medienumgang in einer auf das jeweilige Kind und sein Alter abgestimmten Weise angeleitet, aufgeklärt und in ihrer Medienkompetenz gefördert werden. Dies gilt umso mehr angesichts der Tatsache, dass sie die allseits verfügbaren Medien häufig auch ohne Aufsicht, Kontrolle und Unterstützung von Erwachsenen nutzen (mit zunehmendem Alter immer öfter auch außerhalb der Familie, sei es per Handy oder mobiler Spielkonsole, oder aber bei Freunden).

3.2 Die Vielfalt von Wirkungen und Folgen der Mediennutzung

Mediennutzung kann zu einer Vielfalt an ausgesprochen positiven Effekten und Folgen führen, die man mit der Nutzung anstrebt oder die sich ergeben können, auch ohne dass man sie angestrebt hat – angefangen von Unterhaltung und Spaß bis hin zur Erweiterung von Kenntnissen und Fähigkeiten. Rechnen muss man allerdings auch mit einem breiten Spektrum an möglichen negativen oder gar schädlichen Wirkungen.

Manche solcher Wirkungen sind uns bewusst, zum Beispiel wenn man bei einem Film weinen muss. Vieles wissen und übernehmen wir jedoch aus den Medien, auch ohne uns dies klarzumachen.

Wenn Sie überlegen, welche Wirkungen die Mediennutzung bei Ihrem Kind hat, so fallen Ihnen vielleicht am ehesten solche Reaktionen ein, die sich beobachten lassen, wenn es beispielweise fernsieht oder ein Computerspiel spielt: etwa Lachen, Weinen oder Schimpfen, oder auch körperliche Reaktionen wie Erregung, Ermüdung oder Übelkeit.

Ebenso haben Sie sicher schon beobachtet, dass Ihr Kind Melodien, Slogans, Formulierungen oder auch aggressives Verhalten aus den Medien nachahmt. Und es sind Ihnen vermutlich schon viele weitere zu beobachtende Wirkungen aufgefallen: so etwa, dass es Konsumwünsche äußert, die man zum Teil auf die Werbung zurückführen kann, oder dass es neuerdings Begriffe wie „Online" oder „Download" verwendet und entsprechende Techniken beherrscht.

Neben solchen beobachtbaren Reaktionen und Folgen der Mediennutzung spielen sich viele Wirkungen aber im Inneren der Nutzer ab und sind damit nicht von außen sichtbar.

Worauf können sich Medien bei Kindern auswirken?

Bei allen bislang genannten Wirkungsarten stellt sich gleichzeitig die Frage, worauf beziehungsweise inwiefern sich denn Medien auswirken können. Auch unter diesem Aspekt muss man sich eine große Vielfalt vorstellen, die Ihnen so vielleicht bislang nicht geläufig war.

- Beginnen wir mit Wirkungen auf Wissen und Bildung, auf Wertvorstellungen, Normen und Meinungen oder etwa auf Berufsbilder. Dies sind Beispiele für Wirkungen im **sogenannten „kognitiven Bereich"**. Dazu zählen ebenso Einflüsse darauf, wie intensiv man über bestimmte Themen oder Probleme nachdenkt und über welche Strategien für das Denken und Handeln man verfügt.

- Teilweise verbunden mit Wirkungen im kognitiven Bereich kann die Mediennutzung positive wie auch negative Folgen im **Leistungsbereich** haben, etwa auf Konzentration und Leistung in der Schule. Ebenso kann es Auswirkungen auf die Entwicklung alltagsrelevanter Kompetenzen geben, zum Beispiel auf den Erwerb technischer Medienkompetenz.

- Im **Bereich des sozialen Verhaltens** können sich Medienwirkungen im Umgang mit Eltern, Lehrern, Freunden oder Fremden niederschlagen, wie auch im Interesse an sozialen Kontakten und Freizeitaktivitäten. Zu denken ist hier beispielsweise an die Tatsache, dass Kinder in Zeiten von Fußballweltmeisterschaften weitaus mehr miteinander Fußball spielen als sonst. Und durch Medien können Kinder friedliche Konfliktlösungen erlernen, genauso aber auch aggressives bis gewalttätiges Verhalten.

- Mediennutzung geht vielfach mit Veränderungen im **Gefühlsbereich** einher. So kann ein Film oder ein Computerspiel einen „aufwühlen", freudige Erregung auslösen, ein Gefühl der Zugehörigkeit vermitteln und die Sicht auf die eigene Person verbessern, oder aber Angst, Alpträume, Wut oder Mitleid verursachen.

- Oft verbunden mit Wirkungen im Gefühlsbereich sind auch Folgen der Mediennutzung für **Bedürfnisse und Motivationen** nicht zu unterschätzen: So etwa, wenn der erlebte Spaß beim Chatten zu dem Bedürfnis führt, dies unendlich fortzusetzen und andere Aktivitäten gegebenenfalls auch längerfristig zurückzustellen; oder wenn ein Kind aus seinen Medienerfahrungen heraus Wünsche und Tendenzen entwickelt, anderen nachzueifern (zum Beispiel ein „Superstar" oder beim Computerspielen besonders erfolgreich zu werden).

- Im **körperlichen und Gesundheitsbereich** kann es zum einen während der Mediennutzung zu körperlichen Reaktionen kommen wie etwa Erregung, Ermüdung oder Übelkeit. Zum anderen können sich auch längerfristige Folgen mit Blick auf das Schlaf- oder Essverhalten und die Körperpflege ergeben, ebenso wie potentielle körperliche Folgen etwa durch häufige Erregung beim Computerspielen oder durch einseitige Bewegungen und Haltungen am Bildschirm.

- Neben möglichen **rechtlichen und finanziellen Konsequenzen**, ist auch an **zeitliche Konsequenzen** zu denken: So können Medien Vorteile mit sich bringen, indem sie den Tagesablauf zeitlich strukturieren oder flexibler gestalten lassen oder auch zu Zeitersparnissen beitragen, etwa durch die mit dem Computer verbundene Beschleunigung von Kommunikation, Informationsbeschaffung und Arbeitsabläufen. Ebenso kann Mediennutzung aber auch negative zeitliche Konsequenzen haben, wenn für Freizeitaktivitäten, Schularbeiten oder sonstige Verpflichtungen zu wenig Zeit übrig bleibt.

Gehen Medienwirkungen nur vom jeweiligen Inhalt aus?

Im vorangegangenen Abschnitt sollte deutlich geworden sein, dass Wirkungen und Folgen der Mediennutzung keineswegs nur von den jeweiligen Medieninhalten ausgehen können (zum Beispiel dem Inhalt eines Films oder Werbespots, einer SMS, einer Äußerung im Chat, einem Bild oder Video im Internet). Vielmehr gibt es auch Wirkungen, die mehr oder weniger unabhängig von den Medieninhalten auftreten können:

Hierzu gehören unter anderem **Folgen der Mediennutzung an sich**: So führt Chatten oder Telefonieren möglicherweise dazu, dass ein Kind besser gelaunt ist, einfach weil es sich nun weniger einsam fühlt, während die Inhalte der Plauderei nebensächlich waren. Ebenso kann sich sein Erfolg beziehungsweise Misserfolg beim Computerspielen auch unabhängig von den Inhalten des Spiels auf ein Kind auswirken.

Beachtenswert sind auch **Folgen der Nutzungsweise**: etwa Folgen einer starken inneren Beteiligung und Erregung beim Fernsehen oder Computerspielen, oder Konsequenzen, die durch die angestrengt auf den Bildschirm gerichtete Aufmerksamkeit entstehen.

Und nicht zuletzt ist an mögliche **Folgen von besonders ausgiebiger Mediennutzung** zu denken, wie langem Fernsehen, Chatten oder Computerspielen.

Wovon hängen Medienwirkungen ab?

Für alle Wirkungen ist zu bedenken, dass nicht nur die jeweils genutzten Medienangebote eine Rolle spielen: Auch für Kinder bedenkliche Angebote müssen sich nicht unter allen Umständen tatsächlich negativ auswirken. Und selbst die besten Kindersendungen oder Computer-Lernspiele erbringen nicht „automatisch" und stets erwünschte Wirkungen, sondern auch sie können erfolglos bleiben oder sich unter Umständen gar negativ auswirken. Es sind nämlich zahlreiche Einflussgrößen mit ausschlaggebend dafür, wie und in welchem Umfang Medien genutzt werden und welche Wirkungen und Folgen sich ergeben.

Zu solchen Einflussgrößen gehören zum einen **Umfeldbedingungen**, unter denen ein Kind aufwächst, und dabei – neben der Erziehung im Allgemeinen – nicht zuletzt auch die Medienerziehung. Von Bedeutung ist auch die jeweilige **Situation, in der Medien genutzt werden**: zum Beispiel, ob das Kind allein oder mit seinen Eltern fernsieht beziehungsweise am Computer spielt.

Zum anderen und ganz besonders sind bei allen Wirkungsfragen aber die **Bedingungen aufseiten des jeweiligen Kindes** zu bedenken: seine Erfahrungen, Befindlichkeiten und Bedürfnisse ebenso wie seine Kenntnisse und Kompetenzen. Und da zu solchen ausschlaggebenden Kompetenzen gerade auch die Medienkompetenz zählt, liegt in deren Förderung eben eine wichtige Aufgabe der Medienerziehung [zur praktischen Umsetzung siehe Kapitel 4.3, zur Bedeutung von Medienkompetenz Kapitel 3.5].

3.3 Mit Mediennutzung verbundene Handlungen und psychische Prozesse

> **Medien wirken nicht einfach so, denn Mediennutzung ist mit vielfältigen Aktivitäten verbunden.**

Anders als oft für das Fernsehen behauptet, ist Mediennutzung keineswegs eine bloß passive Beschäftigung. Vielmehr ist sie mit einer Vielfalt an Handlungen und inneren Prozessen verbunden. Ähnlich wie man ein Buch auswählt, es aufschlägt und darin liest, gehört auch zur Nutzung elektronischer Medien zunächst einmal:

- die Auswahl von Medienangeboten, zum Beispiel Internet-Suchmaschinen, Online-Spiele;

- die Handhabung technischer Geräte und die Ausführung damit verbundener Aktivitäten: beispielsweise Erstellen und Speichern von Fotos per Handy, Besuchen von Websites im Internet, Brennen von CDs, Verbreiten eines Videos.

So wie wir es vom Bücherlesen kennen, spielen sich auch bei der Nutzung elektronischer Medien viele weitere Aktivitäten nur im Inneren der Person ab:

- Man nimmt Medieninhalte (zum Beispiel Inhalte von Filmen, Hörspielen, E-Mails, Websites) auf und wendet sich einzelnen Inhalten mit unterschiedlicher Aufmerksamkeit zu: Man hört etwa bei spannenden Szenen aufmerksam zu, ist unaufmerksamer bei langatmigen Inhalten oder wendet sich bei allzu großer Spannung ab.

- Die aufgenommenen Inhalte werden im Inneren weiterverarbeitet. Hierzu gehören vor allem Interpretationen und Gedächtnisleistungen sowie Bewertungen der Inhalte und gegebenenfalls auch der genutzten Anwendung. Dabei geht es oft auch um den Abgleich mit bisherigen Erfahrungen und/oder eigenen Anliegen. Ebenso können im Zuge der Verarbeitung von Medieninhalten auch Fantasievorstellungen gebildet werden, zum Beispiel sich zu einem Hörspiel passende Bilder vorstellen.

- Mit der Mediennutzung geht außerdem die jeweilige innere Beteiligung am Geschehen etwa eines Films oder Computerspiels einher, ebenso gegebenenfalls die Ausbildung von Sympathie beziehungsweise Antipathie und Mitgefühl etwa mit Filmhelden oder Online-Mitspielern.

Wie solche Aktivitäten, von denen wir hier nur einige skizziert haben, ablaufen und welche Wirkungen die Mediennutzung daraufhin letztlich hat, hängt nicht zuletzt von der Medienkompetenz des Kindes ab. Damit seine Handlungen und inneren Aktivitäten zu wünschenswerten Ergebnissen führen und unerwünschte oder gar schädliche Wirkungen vermieden werden können, bedarf es einer frühzeitigen Förderung von Medienkompetenz.

3.4 Chancen und Risiken der Mediennutzung

Medien sind für Kinder attraktiv und wichtig.

Medien haben (auch) für Kinder bekanntlich eine enorme Anziehungskraft. Grund hierfür ist nicht zuletzt, dass sie ihnen zur Befriedigung zahlreicher wichtiger Bedürfnisse und alltäglicher Anliegen dienen.

Der Mediennutzung von Kindern zugrunde liegende Bedürfnisse und Anliegen

Die Bandbreite der realisierbaren Bedürfnisse und Anliegen ist bei den einzelnen Medienangeboten und Anwendungen höchst unterschiedlich. Eine größere Vielfalt bieten „multifunktionale" Medien wie Handy und Internet, also solche Medien, die viele verschiedene Anwendungen ermöglichen. Prinzipiell ist ein Medium beziehungsweise eine bestimmte Nutzungsmöglichkeit aber für Kinder umso attraktiver und wichtiger, je wichtiger ihnen ihre hiermit umsetzbaren Bedürfnisse sind.

Die große Bandbreite von Bedürfnissen und Anliegen, die Kinder mit Medien verbinden (wie bewusst auch immer), ist immens:
Neben Zeitvertreib, Unterhaltung und Spaß und über die Erledigung von Schulaufgaben hinaus handelt es sich durchaus auch um eine ganze Reihe an

Funktionen, die für das Wohlbefinden und die Entwicklung der Kinder ausgesprochen bedeutsam sind.
Hierzu zählen – um nur einige Beispiele zu nennen – etwa

- die Suche nach Leitbildern und Orientierung
- Verbesserung des Selbstwerts durch Erfolgserlebnisse (zum Beispiel beim Computerspielen) oder eigene Selbstdarstellung etwa im sozialen Netzwerk „schülerVZ" oder auf der eigenen Homepage
- Gewinnung von Aufmerksamkeit und Ansehen (vielleicht durch Mitreden über einen Pornofilm oder Nachspielen einer TV-"Heldenrolle")
- Verarbeitung von Ängsten und Konflikten sowie Bewältigung von Entwicklungsaufgaben und subjektiv wichtigen Themen, etwa durch Identifikation mit „Medien-Helden", die stellvertretend für das Kind Konflikte oder Probleme lösen (zum Beispiel in Hörspielen)
- Flucht aus einem negativ erlebten Alltag (zum Beispiel durch Musikhören)
- Mutproben; risikoloses Ausführen von Handlungen (zum Beispiel in Computerspielen), die in der Realität riskant oder verboten sind; Ausprobieren neuer Rollen
- Vergleich und Wettbewerb mit anderen
- Aneignung von Wissen (zum Beispiel über Lebensstile, Normen, Berufe)
- Reduzierung von Einsamkeit; Ausbau von Kontakten und Beziehungen (zum Beispiel durch Chatten); Gefühl von Gemeinschaft und Zugehörigkeit zum Beispiel durch Spielen in Online-Gemeinschaften

- Suche nach Nähe, Geborgenheit und gemeinsamen Erlebnissen (bei gemeinsamer Mediennutzung zum Beispiel mit Eltern oder Freunden)

Gerade weil nun aber Medien für Kinder wichtig sind, kann Medienerziehung nicht darin bestehen, die Mediennutzung einfach einzuschränken. Vielmehr muss es neben aller durchaus notwendigen Steuerung und Kontrolle mindestens ebenso um die Förderung von Medienkompetenz gehen.

Mit Mediennutzung verbundene Chancen für Kinder

Medien bieten Kindern nicht nur Möglichkeiten für die Befriedigung ihrer Bedürfnisse und Anliegen sowie zur Alltagsbewältigung, sondern auch für die Verbesserung ihrer Zukunftschancen. So werden durch den angeleiteten und

Medien eröffnen Kindern zahlreiche Chancen. Um die Möglichkeiten der heutigen Medien sinnvoll nutzen zu können, ist Medienerziehung erforderlich.

schrittweise geübten Medienumgang wichtige Grundkompetenzen erweitert, wie Lesen, Schreiben und Sprachverstehen. Ebenso wird die technische Handhabung von Mediengeräten und einzelnen Anwendungen eingeübt, die zu Schlüsselkompetenzen für das selbstständige Lernen und effiziente Arbeiten und damit für das spätere Berufsleben zählt.

Medien tragen zur Aneignung von Wissen und Bildung und zur Erweiterung des Erfahrungshorizontes bei. Sie vermitteln Informationen über die Welt und andere Kulturen sowie Orientierung und Anregung.

Und nicht zuletzt bieten Medien vielseitige Möglichkeiten, Kontakte zu knüpfen, Erfahrungen im Umgang mit anderen zu sammeln und sich selbst auszudrücken (zum Beispiel eigene Texte, Filme oder Fotos anderen im Internet zugänglich zu machen).

Natürlich kann ein Kind die vielfältigen Chancen und Vorteile der modernen Medienumwelt umso fruchtbarer nutzen, je mehr Wissen und Fähigkeiten es für den Medienumgang bereits hat. Insofern ergibt sich auch hieraus wieder ein wesentliches Argument dafür, Kindern möglichst frühzeitig Medienkompetenz zu vermitteln.

Dies gilt jedoch auch angesichts der Gefahren, die mit der Mediennutzung verbunden sein können. Je unerfahrener ein Kind allerdings ist, desto mehr ist in der Medienerziehung Steuerung und Kontrolle, Anleitung und Hilfe angesagt, denn: Mögliche Gefahren wirken sich bei Kindern gravierender aus, wenn ihrem kompetenten Medienumgang noch erhebliche Grenzen gesetzt sind (je nach Medium auch noch im Grundschulalter).

Mit Mediennutzung verbundene Risiken für Kinder

Medien können mit Risiken verbunden sein. Um den potenziellen Gefährdungen vorzubeugen, ist Medienerziehung erforderlich.

Aus den zahlreichen Risiken, die mit der Mediennutzung verbunden sein können, lassen sich mindestens ebenso wichtige Argumente für die Notwendigkeit von Medienerziehung ableiten wie aus der Bandbreite der oben genannten Chancen. Die hierauf gerichtete Medienerziehung setzt allerdings voraus, dass den Eltern die unterschiedlichen Risiken klar sind, zum Beispiel um die Kinder über mögliche Gefahren aufzuklären oder etwa um Risiken für die eigenen Kinder einzuschätzen. Zu bedenken ist dabei auch, dass Risiken erheblich davon abhängen, in welcher Rolle Medien jeweils genutzt werden: Wenn Kinder Medieninhalte anschauen, lesen oder anhören (zum Beispiel Inhalte von Filmen, Werbespots, Computerspielen, Handynachrichten oder Websites), dann nehmen sie die Rolle als „Empfänger" ein. Heutzutage agieren sie zunehmend aber auch als „Absender", also beispielsweise als Verfasser von E-Mails oder Texten in Online-Gemeinschaften wie „schülerVZ" oder beim Verbreiten von Bildern oder Videos im Internet.

Risiken der Mediennutzung: Kinder als „Empfänger" von Medieninhalten

Bei dieser Rolle sind Risiken mit der Aufnahme und Verarbeitung von Medieninhalten verbunden. So können Kinder Medieninhalte gegebenenfalls nicht (oder falsch) verstehen und verarbeiten, wenn ihnen die dafür notwendigen Erfahrungen, Kenntnisse und Fähigkeiten noch fehlen: Je nach Alter und Entwicklungsstand mangelt es ihnen gegebenenfalls noch an Sprachverständnis und Konzentrationsfähigkeit. Ebenso verfügen sie noch kaum über eigene Strategien, um sich etwa vor allzu großer Erregung, Angst oder Verletztheit zu schützen. Und schließlich fehlt es ihnen oft noch an „Menschenkenntnis" und dem notwendigen Hintergrundwissen, um beispielsweise den Wahrheitsgehalt oder die Ziele, die hinter bestimmten Inhalten stehen, einzuschätzen.

Besonders vielfältig und gravierend sind Risiken, die mit den neuen Medien und ihren Nutzungsmöglichkeiten verbunden sind. Im Internet (zum Beispiel in Chat-Räumen) können Kinder auf bedenkliche oder gar gefährdende Inhalte stoßen oder sie per E-Mail empfangen: Dabei kann es sich beispielsweise um gewalthaltige Videos ebenso handeln wie um Pornografie-Seiten oder um Webseiten, in denen Gewalt, Magersucht oder Suizid verherrlicht werden. Gleichermaßen ist an intime, peinliche oder diffamierende Ton-/Bild-Aufnahmen zu denken, mit denen das Kind selbst oder eine andere Person bloßgestellt oder gemobbt wird.

Besonders brisant sind solche Risiken bei der Nutzung mobiler Medien wie dem Handy, da Kinder dann mit derartigen problematischen Inhalten außerhalb elterlicher Aufsicht und Hilfestellung konfrontiert werden können.

All diese Medieninhalte können zu Überforderung, Verunsicherung und falschen Vorstellungen von der Realität führen. Ebenso möglich sind aber auch gravierende negative Auswirkungen wie die Übernahme problematischer Ideale (zum Beispiel „Schlankheitswahn"), Abstumpfung gegenüber Gewalt oder gar psychische Probleme und Verhaltensauffälligkeiten.

Risiken der Mediennutzung: Kinder als „Absender" von Medieninhalten

Eine solche „Absender"-Rolle kann ein Kind zum einen dann einnehmen, wenn es per Handy oder Computer auf bestimmte Inhalte wie unseriöse Anfragen in E-Mails oder Chat-Räumen reagiert und auf diese Weise gegebenenfalls problematische Kontakte knüpft, etwa zu Pädophilen oder gefährlichen Sekten. Ähnliches kann zutreffen, wenn es sich sorglos dazu verleiten lässt, seine persönlichen Daten wie Name, Adresse der Wohnung oder Schule preiszugeben und auf diese Weise einem Fremden die Kontaktaufnahme ermöglicht.

Zum anderen geben Kinder solche Daten sowie weitere Informationen über ihre Person auch gern von sich aus an andere, indem sie etwa ihre Fotos per Handy versenden oder, mit Beschreibungen über sich selbst versehen, ins Netz stellen.

Und schließlich kann es mit zunehmendem Alter auch vorkommen, dass Kinder zum „Absender" problematischer Inhalte im Internet werden, wenn sie Texte, Bilder oder Videos verbreiten, die andere beleidigen, mobben oder bloßstellen. Dabei kann es sich um die Weitergabe solcher Inhalte – zum Beispiel per Chat oder E-Mail – handeln, die ein anderer erstellt hat, oder es werden etwa per Handy selbst aufgenommene Fotos versendet beziehungsweise ins Netz gestellt (siehe hierzu auch Kapitel 10 und 11).

Ähnlich wie für die Aufnahme und Verarbeitung von Medieninhalten sind auch für Aktionen als „Absender" etliche Kenntnisse und Fähigkeiten erforderlich. Ein angemessener Medienumgang setzt hier nicht zuletzt voraus, dass Kinder wissen, welche Folgen etwa die Preisgabe eigener Daten und Informationen oder die Kontaktaufnahme mit Fremden haben kann. Ebenso sollten sie mit Blick auf die „Empfänger" einschätzen können, was anderen zumutbar ist. Solche Kompetenzen sind jedoch bei Kindern noch kaum vorauszusetzen. Insofern gilt es zum einen, sie aufzuklären und ihre soziale Kompetenz zu fördern, zum anderen gegebenenfalls aber auch, sie an bedenklichen Aktionen als „Absender" zu hindern.

Die Notwendigkeit von Medienerziehung ergibt sich aber auch vor dem Hintergrund weiterer Risiken, nämlich solcher, die unabhängig davon sind, in welcher Rolle Kinder Medien nutzen.

Rechtliche und finanzielle Risiken

Risiken der Mediennutzung können auch rechtlicher Natur sein: So können zum einen Beschaffung, Besitz und Nutzung bestimmter Medienangebote inklusive Download und Kopieren gegen geltendes Recht verstoßen. Zum anderen sind rechtliche Risiken ebenfalls bei der Verbreitung beziehungsweise Veröffentlichung von Inhalten, beim Abschluss von Verträgen oder beim Online-Shopping einzukalkulieren (zu Risiken rechtlicher Art siehe speziell Kapitel 16). Auch auf solche Gefahren müssen Kinder mit zunehmendem Alter vorbereitet werden.

Teilweise in Kombination mit rechtlichen Risiken können sich für Kinder beziehungsweise ihre Eltern auch finanzielle Probleme ergeben: etwa wenn die Handykosten Überhand nehmen oder wenn durch illegale Aktionen, zum Beispiel illegales Herunterladen von Musik oder Spielen oder illegale Verbreitung bestimmter Inhalte, Kosten entstehen (siehe Kapitel 15).

Datenschutzprobleme und Sicherheitsrisiken

Ein spezielles Problem liegt in Sicherheitsrisiken insbesondere bei der Onlinenutzung: So können sich gravierende Konsequenzen durch sogenannte Schadsoftware ergeben, etwa durch Viren, Würmer oder Trojaner (für genauere Hinweise siehe Kapitel 8). Außerdem ist an Probleme des mangelnden Datenschutzes beziehungsweise des Missbrauchs von personenbezogenen Daten zu denken.

Risiken übermäßiger Mediennutzung

Eine gänzlich andere Art von Risiken liegt schließlich in der zeitlich besonders intensiven Mediennutzung. In krassen Fällen kann solche übermäßige beziehungsweise exzessive Nutzung gar eine pathologische Abhängigkeit von bestimmten Medien bedeuten (zum Beispiel sogenannte „Computerspielsucht"). Folgen eines auffälligen Umfangs der Mediennutzung können von der Vernachlässigung sozialer Kontakte und sonstiger Freizeitaktivitäten bis hin zu gesundheitlichen Beeinträchtigungen reichen. Es liegt auf der Hand, dass zur Vermeidung derartiger Risiken die Erziehung und dabei auch speziell die Medienerziehung einen Beitrag leisten muss, um die Entwicklung entsprechend notwendiger Kompetenzen zu fördern (siehe Kapitel 6).

3.5 Die Notwendigkeit von Medienerziehung und die Bedeutung von Medienkompetenz

Eltern sind für den Medienumgang ihrer Kinder verantwortlich.

Auch der beste Jugendmedienschutz sowie Empfehlungen für altersangemessene „gute" Medien nehmen die Eltern nicht aus ihrer Verantwortung für die Medienerziehung. Dies gilt für den Zugang der Kinder zu den Medien (inklusive Auswahl geeigneter Medien) als auch für die Begleitung und Reglementierung des Medienumgangs ihrer Kinder. Ebenso gilt es aber auch für die Unterstützung der Kinder bei der Verarbeitung von Medienerlebnissen und für die gezielte Förderung von Medienkompetenz.

Begründungen für eine solche Notwendigkeit von Medienerziehung in der Familie haben wir in den vorangegangenen Abschnitten dieses Kapitels erläutert mit Blick auf das Aufwachsen der Kinder in einer Medienumwelt,

- die ihnen zahlreiche positive Möglichkeiten eröffnet, dazu jedoch entsprechende Kompetenzen erfordert;

- die mit ihren vielfältigen und von Kindern in großem Umfang genutzten Angeboten gleichzeitig aber auch etliche Risiken in sich birgt, sodass Medienerziehung notwendig ist, um möglichen Gefährdungen vorzubeugen beziehungsweise zu begegnen;

- die Kinder zu einer ganzen Reihe von medienbezogenen Handlungen und psychischen Prozessen veranlasst, wofür sie jedoch hinreichende Medienkompetenz benötigen, um zu wünschenswerten Ergebnissen zu kommen und unerwünschte Wirkungen zu vermeiden;

- die für einen kompetenten Medienumgang Kenntnisse und Fähigkeiten erfordert, die den Kindern durch Medienerziehung vermittelt werden müssen.

Was bedeutet Medienkompetenz?

Gemeint sind mit dem Schlagwort „Medienkompetenz" Wissen, Fähigkeiten und Fertigkeiten, die Kindern einen für ihre Entwicklung, Sozialisation und Zukunftschancen förderlichen Umgang mit den verschiedensten Medien ermöglichen. Ein kompetenter Medienumgang bedeutet dabei, dass Medien in einer auf die jeweiligen Anliegen abgestimmten Weise sinnvoll und selbstbestimmt, aber auch persönlich wie sozial verantwortlich genutzt und Medieninhalte angemessen verarbeitet werden.

Das Schlagwort „Medienkompetenz"

Im Einzelnen heißt dies, nicht nur die Technik zu beherrschen, sondern auch spezielle Kenntnisse und Fähigkeiten zu besitzen und anwenden zu können, wie zum Beispiel

- Wissen darüber, welche Medien für welche Anliegen sinnvoll nutzbar sind

- Fertigkeiten zur Umsetzung bestimmter Handlungen (zum Beispiel Recherchieren im Internet, Erstellen und Speichern von Fotos per Handy, Verbreitung eines Videos)

- Verfügen über Kriterien und Strategien, um Medien selbstbestimmt auszuwählen und zu nutzen und um Medieninhalte und Nutzungsmöglichkeiten zu bewerten (zum Beispiel die Glaubwürdigkeit oder Wichtigkeit von Informationen im Internet oder die Nützlichkeit bestimmter Internetanwendungen einzuschätzen)

- die Fähigkeit, Medieninhalte zu verstehen und zu verarbeiten (zum Beispiel Film- oder Chatinhalte, Hörspiele, E-Mails)

- Kompetenzen, um mit Medien nicht nur als „Empfänger", sondern auch als „Absender" angemessen umzugehen. Dazu gehören auch ansonsten generell notwendige soziale Fähigkeiten, um zum Beispiel einzuschätzen, was man Empfängern zumuten kann, und Rücksicht zu nehmen mit Blick auf mögliche Folgen für andere

- die Fähigkeit und Bereitschaft, die eigene Mediennutzung zu reflektieren und zu kontrollieren (zum Beispiel mit Blick auf den Nutzungsumfang und auf Wirkungen)

Natürlich sind solchen Kompetenzen bei Kindern noch erhebliche Grenzen gesetzt. Aus den zahlreichen oben genannten Gründen kann es aber nicht darum gehen, einfach „abzuwarten" und die Kinder in der Medienumwelt sich selbst zu überlassen. Vielmehr ist es ähnlich wie beim Fahrradfahren: Es macht Spaß und bringt viele Vorteile, aber auch mögliche Gefahren mit sich; Kinder müssen es deshalb zunächst lernen, über Gefahrenquellen aufgeklärt, zu einem angemessenen Verhalten im Straßenverkehr angeleitet und begleitet werden. In ähnlicher Weise gilt dies auch für den Medienumgang!

4 WAS BEDEUTET MEDIENERZIEHUNG UND WIE KANN MAN DABEI VORGEHEN?

Nachdem Sie in Kapitel 3 erfahren haben, dass und weshalb Medienerziehung notwendig ist, fragen Sie sich nun vielleicht, was das für Sie wohl praktisch bedeutet und was Sie denn noch alles können und leisten sollen, wo doch der Alltag ohnehin schon turbulent und schwierig genug ist. Antworten hierauf erhalten Sie in diesem Kapitel.

Anhand einer Umschreibung von Medienerziehung erklären wir zunächst, dass sich hieraus eigentlich keine neuen Belastungen für Eltern ergeben, denn Medienerziehung findet in Familien ohnehin statt, oft auch ohne es zu merken. Was Eltern für die Medienerziehung benötigen und was sie brauchen, um die Medienerziehung speziell auf ihr Kind abstimmen zu können, erläutern wir in Kapitel 4.2. Anschließend geht es in Kapitel 4.3 darum, wie Eltern bei der Medienerziehung praktisch vorgehen können.

4.1 Was ist eigentlich „Medienerziehung"?

In Kapitel 3.5 wurde schon deutlich, dass Medienerziehung auf zwei miteinander verbundene Ziele hin ausgerichtet ist:

- Erstens soll sie dazu beitragen, den Kindern eine sinnvolle Nutzung der Chancen zu ermöglichen, die die heutige Medienumwelt mit sich bringt. Ebenso geht es darum, Risiken, die mit der Mediennutzung verbunden sein können, weitestgehend auszuschließen.

- Zweitens und mit dem ersten Ziel verbunden, soll Medienerziehung den Kindern in einer altersgerechten Weise die für einen kompetenten Medienumgang erforderlichen Kenntnisse und Fähigkeiten vermitteln.

Beide Ziele lassen sich auf vielfältige Weise umsetzen.
Dabei handelt es sich zum einen um **Medienerziehung im engeren Sinne: ein Erziehungsverhalten, das sich aktiv und bewusst auf den Medienumgang der Kinder richtet.** Beispiele für ein solches zielgerichtetes Verhalten reichen von der Anleitung und Unterstützung der Kinder und dem Vereinbaren von Regeln bis hin zu Kontrolle und gegebenenfalls akutem Eingreifen in ihre Mediennutzung (für konkrete Hinweise siehe Kapitel 4.3).

Zum anderen geht es jedoch auch um ein **elterliches Verhalten, das nicht auf den Medienumgang der Kinder abzielt, aber dennoch als Medienerziehung aufzufassen ist.** Hierzu zählt nicht zuletzt das elterliche Vorbildverhalten: So ist es bereits ein Beitrag zur Medienerziehung, wenn Ihr Kind häufiger mitbekommt, wie Sie Medienangebote auswählen, wie viel Zeit Sie mit welchen Medien zubringen und wie wichtig Ihnen bestimmte Medien sind. Auch Ihr Sicherheitsbewusstsein im Umgang mit Internet und Handy kann auf den Medienumgang Ihres Kindes „abfärben“. Und schließlich sind Sie Vorbild für Ihr Kind auch im Hinblick darauf, wie reflektiert und kompetent Sie mit Medien umgehen.

Beispiele für elterliches Verhalten, das Ihnen bislang vielleicht nicht als Medienerziehung bewusst war:

- Sie unterhalten sich in Anwesenheit des Kindes über die Machart eines bestimmten Films, der Ihnen gefallen hat.
- Sie helfen Ihrem Kind auf seine Bitte hin bei den Hausaufgaben, da es für die Schule etwas im Internet recherchieren soll, dies aber bisher kaum gemacht hat.
- Ihr Kind bekommt häufig mit, wie Sie beim Fernsehen „rumzappen“.

- Sie reagieren ärgerlich, wenn Ihr Kind um ein bestimmtes Computerspiel „bettelt" oder unbedingt ein Getränk haben möchte, das es aus der Werbung kennt.

- Sie freuen sich sichtlich darüber, dass Ihr Kind aus einer Fernsehsendung etwas Wissenswertes behalten hat und Ihnen berichten kann.

- Sie äußern sich kritisch über die Lieblingsmusik oder das Lieblings-Computerspiel des Kindes.

- Sie leihen Ihrem Kind einen bestimmten Film aus.

- Sie ermahnen Ihr Kind, das beim gemeinsamen Fernsehen ständig dazwischenredet und rumzappelt.

- Sie erteilen Ihrem Kind „Fernsehverbot", weil es in der Schule eine schlechte Note bekommen hat, oder aber Sie sind gerade stark beschäftigt und schlagen ihm deshalb vor, eine DVD anzusehen.

- Sie fragen Ihr Kind, wieso es eigentlich „so lange rumchatten muss", zumal es dadurch für Sie kaum noch ansprechbar ist.

- Beim gemeinsamen Anschauen der TV-Nachrichten fragen Sie Ihr Kind, ob es die Meldung denn versteht.

- Sie schwärmen davon, wie viel Spaß Ihnen selbst ein bestimmtes Computerspiel macht.

- Sie machen Ihrem Kind klar, dass es offenbar nur durch langes Computerspielen gerade zu müde für die Schularbeiten ist.

- Sie lesen Ihrem Kind etwas vor oder unterhalten sich mit ihm über den Inhalt eines Buches.

Insgesamt ist Medienerziehung nicht nur mindestens so wichtig wie etwa die Anleitung zu einem angemessenen Verhalten im Straßenverkehr, sondern sie findet, anders als die Verkehrserziehung, im Alltag Ihrer Familie – ob Sie es wollen oder nicht – ohnehin häufig statt und kann auf verschiedenste Weise ablaufen.

4.2 Was braucht man für die Medienerziehung?

Wie für die Erziehung insgesamt, so gilt auch für die Medienerziehung: Eltern benötigen hierfür einiges an Wissen und Fähigkeiten, an Einsichten und eigenen Standpunkten, und sie müssen sowohl die jeweils spezifischen Bedingungen ihrer Kinder im Auge haben als auch sich immer wieder neuen Anforderungen stellen und dazulernen.

Eigene Medienkompetenz

Für die Medienerziehung ist zunächst einmal erforderlich, dass Eltern über hinreichende Medienkompetenz verfügen (zur Medienkompetenz siehe Kapitel 3.5).

Wie steht es um Ihre eigene Medienkompetenz?

Eltern benötigen sie schon dann, wenn sie überlegen, welche Medien im Kinderzimmer angebracht sind, zum Beispiel ein eigener Fernseher oder Computer, und welche Chancen und Risiken für die Kinder es bei welchen Medien zu bedenken gibt.

Das Gleiche gilt für Unsicherheiten etwa in Bezug darauf, wie lange pro Tag ein Sechsjähriger fernsehen darf, was man einem Siebenjährigen mit dem neuen Handy zu tun erlauben kann oder wonach man bestimmte Medienangebote (zum Beispiel Bücher, Hörspiele, Filme, Computerspiele) für sein Kind auswählen und ihm gegebenenfalls schenken soll.

Ebenso benötigen Eltern eigene Medienkompetenz, um ihren Kindern ein Vorbild zu sein, ihnen einen sinnvollen, umsichtigen Medienumgang beizubringen und sie entsprechend erziehen und fördern zu können.

Zudem wenden sich Kinder mit ihren Fragen zur Mediennutzung eher an ihre Eltern, wenn sie diesen die entsprechenden Kompetenzen zutrauen und wenn die Eltern ein Verständnis dafür haben, dass bestimmte Medien auch oder gerade für Kinder faszinierend sind.

Und nicht zuletzt hilft Eltern die eigene Medienkompetenz weiter, wenn sie mit ihrem Kind etwa bei Konflikten um seine Medienwünsche und seinen Medienumgang argumentieren (zum Beispiel bei Begründungen für Verbote).

Deshalb sollte man sich mit den heutigen Medien einigermaßen auskennen und sie sowohl für sich selbst als auch für die eigenen Kinder bewerten können. Hilfreich hierfür kann es schon sein, wenn man ab und an mit seinen Kindern gemeinsam im Internet surft, Computerspiele spielt oder sich zeigen lässt, was mit einem Handy alles möglich ist.

Wir haben bereits erläutert, dass das Beherrschen der Technik nur einen kleinen Teil der Medienkompetenz ausmacht. Dennoch ist die technische Handhabung von Mediengeräten und deren Funktionen auch für die Medienerziehung nicht ganz unwichtig, sodass man seine Kompetenzen hierfür gegebenenfalls ausbauen sollte. Oft kennen sich die eigenen Kinder mit der technischen Handhabung schon besser aus als man selbst, da sie mit den neuen Medien wie Computer, Internet und Handy bereits aufwachsen. Lassen Sie sich also ruhig von Ihren Kindern in Ihrer Medienkompetenz „weiterbilden“: Kinder zeigen Erwachsenen nämlich gerne etwas, wenn sie der „Experte“ sind und sich ernst genommen fühlen. Zudem liegt hierin eine Gelegenheit, etwas mit Ihren Kindern gemeinsam zu machen und ein weiteres Thema zu haben, das Sie miteinander verbindet.

Medienspezifisches Hintergrundwissen

Es gibt eine Reihe an Hintergrundkenntnissen, die sowohl für den eigenen Medienumgang als auch für die Medienerziehung notwendig sind: Zum einen erscheint es uns wichtig, sich bezüglich rechtlicher Bestimmungen im Medienbereich auf dem Laufenden zu halten, und zwar insbesondere bezüglich Urheberrecht, Datenschutz und Jugendmedienschutz (siehe Kapitel 16). Zum anderen ist es erforderlich, dass sich Eltern über die für Kinder bestimmter Altersgruppen geeigneten (oder eher ungeeigneten) Medien und Nutzungsmöglichkeiten kundig machen. In Zusammenhang damit sollten sie sich auch einen Einblick in die mit einzelnen Medien verbundenen Chancen und Risiken für Kinder verschaffen.

In Kapitel 3 haben wir Ihnen bereits einige Hintergrundinformationen hierzu vermittelt, die mit Blick auf bestimmte Medien und Fragen in Kapitel 7 bis 16 konkretisiert werden.

Einblick in den Medienumgang der eigenen Kinder

Um Medienangebote beurteilen und auswählen zu können, aber auch für die Medienerziehung insgesamt, sollte man wissen, welche Medienangebote aktuell bei Kindern, und insbesondere bei den eigenen, „in“ sind. Eine Möglichkeit, sich hierüber zu informieren, kann darin bestehen, dass man gemeinsam mit dem Kind eine Art **Inventur seines Medienrepertoires** unternimmt und sich zeigen lässt, was es alles an CDs, Computerspielen, Filmen etc. besitzt und was es damit zur Umsetzung welcher Anliegen macht. Dabei wird es vermutlich von ganz alleine einige Beschreibungen und Bewertungen liefern, sodass sich hieraus gleichzeitig ein

> **Kennen Sie die von Ihren Kindern genutzten Medien?**

Gespräch ergeben kann. Mitunter erfährt man dann sogar etwas darüber, warum das Kind gerade das eine oder andere Computerspiel besonders schätzt, nach welchen Kriterien es Medien bewertet und zu welchen Anlässen es was besonders intensiv nutzt.

Auch die **gemeinsame Mediennutzung** kann Ihnen als Basis dienen, um die von Ihrem Kind genutzten Medien kennenzulernen.

Was wissen Sie über den Medienumgang Ihrer Kinder?

Ebenso wie die „Inventur" und Gespräche über Medien kann die gemeinsame Mediennutzung aber auch ein idealer Anlass sein, um Näheres über den Medienumgang des eigenen Kindes zu erfahren. Dazu gehört nicht nur zu wissen, mit welchen Medien es sich in welchem Umfang und in welcher Weise beschäftigt, sondern auch, welche Motive der Mediennutzung zugrunde liegen und welche Erfahrungen es dabei macht. In Zusammenhang damit ist es ebenso wichtig, sein Kind daraufhin einzuschätzen, welche Voraussetzungen es für seinen Medienumgang mitbringt und wodurch dieser beeinflusst wird.

Wichtige Fragen, die Sie sich stellen sollten, um den Medienumgang Ihres Kindes zu verstehen:

- Wie weit ist es in seiner Entwicklung und speziell mit seiner Medienkompetenz? Was kann es bereits verstehen, behalten und verarbeiten?
- Warum spielt es am liebsten ein bestimmtes Computerspiel oder hört immer die gleiche Musik und verbringt damit fast seine gesamte Freizeit?
- Nutzt es etwa beim Handy schon Funktionen, die die Eltern selbst noch gar nicht kennen, sonst aber verbieten würden?
- Hat Ihr Kind seinen Medienumgang selbst unter Kontrolle?

- Was kann es an Risiken etwa bei bestimmten Anwendungen im Internet schon selbst einkalkulieren und beachten?

- Ist sein Verhalten in der letzten Zeit möglicherweise auf Probleme zurückzuführen, die mit seiner Mediennutzung zu tun haben? Wird es zum Beispiel per Handy gemobbt, hat es einen schockierenden Film gesehen oder häufig ein zu aufregendes Computerspiel gespielt? Was könnte ansonsten vorliegen?

Erst wenn man sich mit solchen Fragen – etwa durch Beobachten des Kindes, durch Nachfragen und Gespräche – auseinandergesetzt hat, kann man die Medienerziehung auf das jeweilige Kind abstimmen. Wie für die Erziehung insgesamt, so gilt auch für die Medienerziehung, dass allgemeine „Kochrezepte" nur vage Anhaltspunkte liefern und auch das Alter des Kindes nur einer unter vielen Gesichtspunkten ist. Jedes Kind nimmt andere Dinge wahr und verarbeitet diese anders, behält andere Details zum Beispiel der gleichen Sendung in Erinnerung und zeigt später andere Wirkungen als andere Kinder im gleichen Alter.

Um sich eine Meinung über den Medienumgang des eigenen Kindes zu bilden, bedarf es eigener Standpunkte sowie damit verbundener Wertvorstellungen, Maßstäbe und Ziele. Welche Standpunkte Sie der Medienerziehung zugrunde legen, bleibt natürlich Ihnen überlassen. Wichtig ist aber, dass Sie welche haben! Nur so können Sie Chancen und Risiken, die für Ihre Kinder mit bestimmten Medieninhalten beziehungsweise -anwendungen verbunden sind, bewerten und für die Medienerziehung entsprechend Konsequenzen ziehen.

Wie für die Erziehung insgesamt, so braucht man auch für die Medienerziehung eigene Standpunkte.

Wenn Sie sich über Ihre eigenen Standpunkte noch unsicher sind, kann es hilfreich sein, sich mit anderen Eltern auszutauschen, gegebenenfalls auch auf Elternportalen im Internet.

Möglichkeiten zum Austausch mit anderen Eltern
www.bke-beratung.de (Foren und Chats)
www.kidsgo.de (Forum, Rubrik „Medien für Kinder")
www.eltern.de (Forum, Rubrik „Medienkompetenz")

4.3 Wie können Eltern bei der Medienerziehung vorgehen?

Wir haben in Kapitel 4.1 bereits erläutert, dass Medienerziehung im Familienalltag ohnehin häufig stattfindet, oft auch ohne dass man sich dessen bewusst ist. Im vorliegenden Kapitel geht es jedoch ausschließlich um ein bewusstes, zielgerichtetes Erziehungshandeln, und zwar um konkrete Tipps mit Blick auf die verschiedensten Medien.

Wie Sie dabei zur Umsetzung welcher Ziele verfahren, ist natürlich Ihre Sache. Dies hängt nicht zuletzt davon ab, wie es bei Ihrem Kind um seinen Medienumgang und dessen Voraussetzungen steht, aber auch von Ihren eigenen Möglichkeiten und Standpunkten. Wichtig ist dabei aber, dass beide Eltern „an einem Strang ziehen“ (sofern Ihr Kind häufig Zeit mit Dritten, zum Beispiel den Großeltern oder einer Betreuungsperson, zubringt, sollten Sie sich auch mit diesen abstimmen).

Ebenso halten wir generell eine bestimmte Grundhaltung in der Medienerziehung für wichtig: Versuchen Sie, die Welt auch einmal aus der Perspektive Ihres Kindes zu begreifen, dann wird es Ihnen gelingen, den Medienumgang des Kindes einschließlich seiner zugrunde liegenden Interessen und Bedürfnisse zu verstehen.

Einblick in den Medienumgang der eigenen Kinder kann man sich auf vielfältige Weise verschaffen.

Um einzuschätzen, in welcher Hinsicht für Sie zur Zeit ein besonderer Handlungsbedarf in der Medienerziehung besteht und wie Sie dabei vorgehen sollten, ist es wichtig, den Medienumgang Ihres Kindes zu verstehen (Fragen hierzu haben wir bereits in Kapitel 4.2 angesprochen). Nur so können Sie einschätzen,

- ob Ihr Kind für bestimmte Medien Anleitung und Hilfe benötigt,
- inwieweit es über potenzielle Risiken aufgeklärt werden muss, eine Vereinbarung von Regeln angesagt ist und wo Sie gegebenenfalls eingreifen müssen,
- oder ob es aktuell etwa wichtiger erscheint, die jeweils zugrunde liegenden Anliegen seiner Mediennutzung herauszufinden, zum Beispiel bei einem problematischen Nutzungsumfang oder wenn Sie feststellen, dass Ihr Kind zum Beispiel eine Handyfunktion oft heimlich nutzt oder verbotenerweise bestimmte DVDs anschaut.

Einen Einblick in den Medienumgang des Kindes können Sie sich auf verschiedene Weise verschaffen:

Sie können Ihr Kind etwa beim Computerspielen beobachten, wie es vorgeht und welchen Eindruck es dabei macht.

Sinnvoll ist es auch, bei einer gemeinsamen Mediennutzung wie beim Fernsehen das Kind im Auge zu haben und gegebenenfalls nachzufragen, um festzustellen, wie es sich dabei fühlt (Kann es zum Beispiel den Filminhalt verkraften?), ob es einen Film- oder Hörspielinhalt, eine Frage des Computers oder eine Anforderung in einem Computerspiel versteht, oder auch herauszufinden, wie es ohne Ihre Begleitung beim Surfen im Internet vorgehen würde. Ebenso können Sie beobachten, wie es sich anschließend verhält: Ist es gleich wieder offen für andere Dinge oder hat es Bedarf zu reden?

Und schließlich sind auch unabhängig von der jeweils akuten Mediennutzung Gespräche mit dem Kind sinnvoll – seien es Gespräche, die sich spontan ergeben oder für die Sie aus gegebenem Anlass einen günstigen Moment abpassen.

Für den Umgang mit Medien brauchen Kinder zunächst einmal Anleitung, Unterstützung und Begleitung.

Wie für vieles im Alltag, so gilt auch für den Medienumgang, dass man Kindern zunächst einiges beibringen und erklären muss, zum Beipiel die technische Handhabung von Computer und Handy sowie die Einführung in einzelne Nutzungsmöglichkeiten. Insofern sind Anleitung, Hilfe und Begleitung erforderlich, vor allem wenn das jeweilige Medium für ein Kind noch neu ist.

Je nach Medium, Medienerfahrungen und Entwicklung des Kindes kann dies anhand gemeinsamer Mediennutzung geschehen: Man kann etwa zusammen ein Computerspiel ausprobieren, gemeinsam im Internet surfen oder Fotos per Computer bearbeiten und per Handy versenden. Dabei wird man ihm sicher auch einiges zeigen beziehungsweise vormachen oder gemeinsam einüben.

Ab und zu sollte man seinem Kind auch einfach mal „über die Schulter gucken“, um festzustellen, ob es mit der Mediennutzung klar kommt oder ob es weitere Hilfe benötigt. Genauso kann man sein Kind auch fragen, ob es zurechtkommt.

Medienkompetenz zu fördern, ist auf vielerlei Weise möglich.

Wie bereits erläutert, ist Medienerziehung auf das Ziel ausgerichtet, den Kindern Medienkompetenz zu vermitteln und ihnen eine sinnvolle Nutzung der mit den Medien gegebenen Chancen zu ermöglichen, sie dabei gleichzeitig aber auch vor potenziellen Risiken zu schützen. Medienkompetenz lässt sich auf vielfältige Weise fördern:

- Es beginnt bereits damit, dass Sie Ihrem Kind etwas vorlesen. Auf diese Weise können Sie schon bei einem Kleinkind Spaß am Lesen, Zuhören und Verstehen wecken sowie Sprach-, Konzentrations- und Urteilsfähigkeit fördern, sodass hiermit eine wichtige Basis für die Entwicklung von Medienkompetenz geschaffen wird.

- Mit dem oben erwähnten Vormachen und Anleiten für den Medienumgang haben Sie bereits erste Schritte einer Förderung von Medienkompetenz unternommen.

Zur Medienkompetenz gehört jedoch einiges mehr (siehe Kapitel 3.5). Deshalb sind weitere Schritte erforderlich:

- Eine gute Möglichkeit liegt in der gemeinsamen Mediennutzung. Dies kann mehrerlei bedeuten: das Anschauen eines Films oder das gemeinsame Recherchieren im Internet etwa für die Hausaufgaben des Kindes oder zur Suche nach einem guten Spiel, bis hin zum Erstellen eigener Produkte (zum Beispiel eine per Computer erstellte Glückwunschkarte oder per Handy aufgenommene Fotoserie, die man den Großeltern mailt).

- Es liegt auf der Hand, dass dabei durch Anweisungen und Erklärungen nicht nur technische und gegebenenfalls gestalterische Kompetenzen vermittelt werden. Vielmehr lässt sich damit die Medienkompetenz insgesamt fördern: angefangen von Fähigkeiten zur Bewertung und Auswahl von Medien und Nutzungsfunktionen sowie zum Verstehen und Verarbeiten von Medieninhalten, bis hin zur Bereitschaft, die eigene Mediennutzung zu kontrollieren. Zugleich eröffnen sich damit Möglichkeiten für gemeinsame Beschäftigungen, die Kindern und Eltern Spaß machen.

- Auch Gespräche als solche können enorm viel zur Förderung von Medienkompetenz beitragen:
  Dies gilt bereits für Unterhaltungen über einen Film und seinen Bezug zur Erfahrungswelt des Kindes oder über Lieblingsmedien des Kindes.
  Bei Gesprächen können Sie Ihr Kind auch aufklären, beispielweise über Absichten der Werbung oder über Zwecke, die andere mit ihren ins Inter-

net gestellten Inhalten verfolgen. Ebenso kann es hierbei um Risiken gehen, die mit der Mediennutzung verbunden sind (zum Beispiel rechtliche und finanzielle Risiken), oder um mögliche Folgen eines immensen Nutzungsausmaßes.
Die Medienkompetenz Ihres Kindes können Sie aber auch fördern, wenn Sie sich mit ihm über Ansichten und Kriterien zur Bewertung einzelner Medienangebote oder über Wirkungen jeweiliger Medieninhalte austauschen.

Ohne Reglementierung geht es nun mal nicht.

Ähnlich wie in der Erziehung insgesamt, so geht es auch in der Medienerziehung nicht ohne Reglementierung – und das heißt: mit den Kindern Regeln vereinbaren, sie bei ihrer Mediennutzung zuweilen beaufsichtigen und in manchen Fällen auch eingreifen. Je nach Medium empfiehlt sich auch, technische Vorkehrungen zu treffen, die den Kindern den Zugang zu bestimmten Medienangeboten oder Nutzungsfunktionen sperren (zu technischen Vorkehrungen sowie zum Schutz vor Risiken bei einzelnen Medienangeboten siehe verschiedene Abschnitte in Kapitel 7 bis 11).

Generell sind Reglementierung und sonstige Schutzmaßnahmen umso wichtiger, je weniger Sie noch dem Kind einen kompetenten Medienumgang zutrauen können und je mehr es eigene Mediengeräte besitzt, die es selbstständig und ohne Ihre Kontrolle nutzt. Dies gilt insbesondere für die zeitliche Beschränkung und den Zugang zu einzelnen Medienangeboten. Allerdings ist gleichzeitig zu bedenken, dass Kinder auch lernen müssen, geeignete Medien selbst auszuwählen und ihren Nutzungsumfang unter Kontrolle zu haben.

In den ersten Grundschuljahren sollte man Kinder bestimmte Medien, vor allem das Internet, nicht ohne Beisein der Eltern und auch nicht unmittelbar vor dem Schlafengehen nutzen lassen. Jedoch kann man schon Vorschulkindern tagsüber ein geeignetes Computerspiel oder eine CD zur Verfügung stellen, sie einen altersgerechten Film sehen lassen oder ihnen eine bestimmte Internetseite öffnen, sofern man in Reichweite bleibt und das Kind weiß, dass es sich gegebenenfalls an die Eltern wenden kann.

Mit zunehmendem Alter nutzen Kinder Medien eigenständiger und vielfältiger, etwa Internetdienste für Jugendliche, sodass es dann umso nötiger wird, Regeln mit den Kindern zu vereinbaren. Dies sollte plausibel begründet und mit Aufklärung und Argumenten verbunden werden.

Das richtige Maß zu finden, ist dabei nicht immer leicht. Regeln dürfen nicht zu sehr einengen, sollten aber konsequent gehandhabt (und auch nicht zum Zweck irgendeiner Belohnung umgestoßen) werden. Zudem sollten Regeln sukzessive an die Entwicklung des Kindes anpasst werden, damit es zunehmend Selbstverantwortung lernt. Zum Teil sind aber auch Verbote angesagt, speziell dann, wenn es um jugendschutzrelevante und rechtliche Aspekte der Mediennutzung geht (hierzu insbesondere Kapitel 16).

Das A & O der Medienerziehung sind gemeinsame Gespräche.
Es wurde schon deutlich, dass Gespräche zwischen Eltern und Kindern bei vielen Bemühungen zur Medienerziehung eine Rolle spielen und enorm wichtig sind.

Unabhängig von unterschiedlichen Situationen und Anliegen – also ob sich ein Gespräch mit Ihrem Kind spontan ergibt oder ob Sie sich aus gegebenem Anlass vorgenommen haben, sich über den Medienumgang Ihres Kindes kundig zu machen und ihn gegebenenfalls zu hinterfragen, ob Sie das Kind an geeignete Medien heranführen oder es bei Gelegenheit über die Funktionsweise, Chancen und Risiken einzelner Medien aufklären möchten – empfehlen wir Ihnen für solche Gespräche Folgendes:

Einige Tipps für Gespräche

- Ihr Kind sollte wissen, dass Sie als Ansprechpartner da sind, zum Beispiel wenn es Hilfe bei einem neuen Computerprogramm oder bei der Verarbeitung von Medienerlebnissen braucht. Umgekehrt ist aber auch wichtig, dass Sie von sich aus mit dem Kind Gespräche über Medien und Medienumgang führen.

- Achten Sie bei der gemeinsamen Mediennutzung auf die Äußerungen des Kindes und gehen Sie darauf ein.

- Wenn Sie sich ein Gespräch mit dem Kind vornehmen, passen Sie einen geeigneten Moment ab. Ein solcher bietet sich oft genug an, man muss ihn nur nutzen. Stimmen Sie Zeitpunkt und Gesprächsweise aber auf Ihr Kind ab.

- Nehmen Sie das Kind ernst. Kritisieren Sie Medienumgang und -wünsche nicht pauschal und vermeiden Sie besserwisserische Belehrungen. Geben Sie konstruktive Anregungen und bieten Sie ihm Ihre Unterstützung an.

- Vermitteln Sie dem Kind das Gefühl, dass Sie sich für seinen Medienumgang interessieren, und nicht den Eindruck, dass es ausgefragt wird.

- Werten Sie weder seine Medienkompetenz noch seine Lieblingsmedien (zum Beispiel ein bestimmtes Hörspiel oder Computerspiel) ab, auch wenn Sie manchmal seine Vorlieben beziehungsweise seinen Geschmack nicht nachvollziehen können. Machen Sie sich klar, dass Kinder andere Interessen haben als Eltern.

- Versuchen Sie Ihrem Kind auch aufzuzeigen, welche anderen Alternativen es für Freizeitbeschäftigungen und zur Umsetzung von Anliegen gibt.

- Versuchen Sie auch bei Konflikten um die Mediennutzung Ihres Kindes, besonnen zu bleiben und das Problem nicht unnötig zu vertiefen, sondern eine Lösung zu finden.

Wenn Sie sich über konkrete Möglichkeiten der Medienerziehung weiter informieren möchten, können Sie dies insbesondere unter den im Anhang aufgeführten Adressen Nr. 5 und 11 tun.

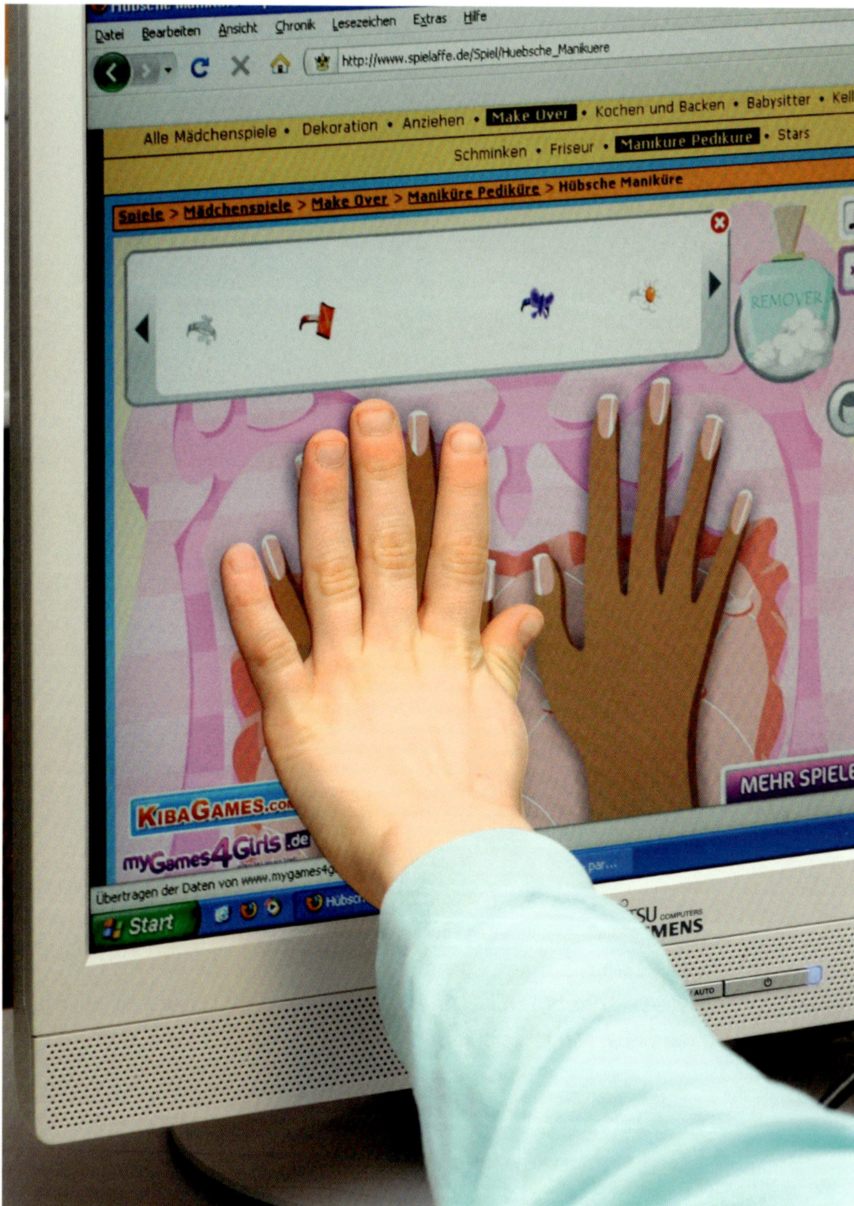
Datei Bearbeiten Ansicht Chronik Lesezeichen Extras Hilfe
http://www.spielaffe.de/Spiel/Huebsche_Manikuere
Alle Mädchenspiele • Dekoration • Anziehen • Make Over • Kochen und Backen • Babysitter •
Schminken • Friseur • Maniküre Pediküre • Stars
Spiele > Mädchenspiele > Make Over > Maniküre Pediküre > Hübsche Maniküre
REMOVER
MEHR SPIELE
KIBAGAMES.com
myGames4Girls.de
Übertragen der Daten von www.mygames4g
Start

5 WIE KANN MAN FÜR SEINE KINDER GEEIGNETE MEDIENANGEBOTE AUSWÄHLEN?

Wie bereits in Kapitel 3.1 erläutert, umfasst die heutige Medienumwelt auch für Kinder eine Vielfalt wie noch nie. Dies betrifft sowohl das immense Spektrum an Möglichkeiten, die Medien zur Umsetzung eigener Anliegen bieten, als auch die große Bandbreite an Risiken, die mit der Mediennutzung verbunden sein können (siehe Kapitel 3.4).

Aus der Vielfalt heutiger Medien für das eigene Kind geeignete Angebote auszuwählen, ist für Eltern nicht immer leicht: Die breite Palette reicht von ausgesprochen empfehlenswerten Angeboten bis hin zu solchen, die für Kinder höchst bedenklich sind.

Woran kann man sich also orientieren, wenn man eine sinnvolle Auswahl für sein Kind treffen möchte oder ihm Kriterien an die Hand geben will, die dabei eine Rolle spielen? Gerade bei der Auswahl durch die Eltern stellt sich diese Frage in mehrerlei Hinsicht: Welche Angebote sind für das eigene Kind empfehlenswert oder auch förderlich und welche zumindest unbedenklich, sodass man ihm die Nutzung prinzipiell erlauben kann? Und welche Angebote sind für das Kind noch nicht geeignet, welche könnten ihm vielleicht schaden oder kommen angesichts möglicher Wirkungen gar nicht erst in Frage? Bei manchen Medien, zum Beispiel Horrorfilmen oder gewalthaltigen Computerspielen, mag die Antwort auf der Hand liegen, bei vielen Angeboten ist eine Beurteilung aber weitaus schwieriger, sodass es durchaus nützlich ist, sich auch an Expertenurteilen zu orientieren.

5.1 „Alterskennzeichnungen" als Orientierungshilfe für Eltern

Eine erste Orientierungshilfe bieten die „Alterskennzeichnungen", die bestimmten Medienangeboten (zum Beispiel Filmen und Computer-/ Konsolenspielen) auf der Grundlage des Jugendschutzrechts vergeben werden.

„Jugendmedienschutz" und „Altersfreigabe"

Sinn dieser Kennzeichnungen ist es, durch Altersbeschränkungen beziehungsweise -freigaben Kinder und Jugendliche vor solchen Medienangeboten weitestmöglich zu schützen, die sie in ihrer Entwicklung beeinträchtigen oder gar gefährden können. Entsprechende Prüfverfahren werden durch hierfür zuständige Kontrollinstanzen durchgeführt.

Informationen zu den für den Kinder- und Jugend-Medienschutz zuständigen Institutionen, ihren Prüfverfahren und Bewertungskriterien (inklusive Linklisten) finden Sie bei der Kommission für Jugendmedienschutz (www.kjm-online.de unter Service im „Institutionen-Wegweiser") sowie in der dort erhältlichen Broschüre „Jugendmedienschutz".

So ist die Freiwillige Selbstkontrolle der Filmwirtschaft (FSK) für die Alterskennzeichnung beziehungsweise -freigabe von **Filmen** auf DVD, Videokassette und anderen Trägermedien sowie von Kinofilmen zuständig; bei **Computer- und Konsolenspielen** ist dies die Unterhaltungssoftware-Selbstkontrolle (USK). Für solche Medienangebote werden fünf Alterskennzeichnungen unterschieden, die auf den Verpackungen und Datenträgern der im Handel erhältlichen Produkte gut sichtbar sein müssen und so auch eine erste Orientierung für Eltern bieten können. Zu bedenken ist dabei allerdings: Eine Alterskennzeichnung bedeutet keineswegs, dass die geprüften Medien damit automatisch auch für ein bestimmtes Alter empfehlenswert sind – sie sind lediglich für dieses Alter freigegeben!

Um Ihnen zu veranschaulichen, was sich hinter den jeweiligen Kennzeichen verbirgt, fassen wir am Beispiel von Computerspielen wesentliche Bewertungskriterien im folgenden Kasten kurz zusammen.

Alterskennzeichnungen und zugrunde liegende Bewertungskriterien am Beispiel von Computerspielen, mit ausgewählten Begründungen der Einstufung durch die USK

„Freigegeben ohne Altersbeschränkung"
aus Sicht des Jugendschutzes „für Kinder jeden Alters unbedenklich", „aber nicht zwangsläufig schon für jüngere Kinder verständlich oder gar komplex beherrschbar".

„Freigegeben ab sechs Jahren"
Darstellung „abstrakt-symbolisch, comicartig oder in anderer Weise unwirklich", selbst wenn Spieler „möglicherweise in etwas unheimliche Spielräume" versetzt werden.
„Aufgabenstellung oder Geschwindigkeit zu belastend" für jüngere Kinder.

„Freigegeben ab zwölf Jahren"
können kampfbetonte Spielmuster enthalten.
„Gewalt ist nicht in alltagsrelevante Szenarien eingebunden".

„Freigegeben ab sechzehn Jahren"
„rasante bewaffnete Action, mitunter gegen menschenähnliche Spielfiguren", Gewaltdarstellung jedoch allenfalls realitätsähnlich.
Inhalte setzen „eine bestimmte Reife des sozialen Urteilsvermögens und die Fähigkeit zur kritischen Reflektion der interaktiven Beteiligung am Spiel" voraus.

„Keine Jugendfreigabe"
ausschließlich für Erwachsene.
Gewalt sehr realitätsnah dargestellt.
„Inhalt ist geeignet, die Entwicklung von Kindern und Jugendlichen zu einer eigenverantwortlichen und gemeinschaftsfähigen Persönlichkeit zu beeinträchtigen. Voraussetzung für die Kennzeichnung ist, dass §14 JuSchG Abs.4 und §15 JuSchG Abs.2 und 3 (»Jugendgefährdung«) nicht erfüllt sind".

Keine Alterskennzeichnung haben Produkte, wenn sie indiziert, also offiziell verboten, oder gar beschlagnahmt sind. Für solche Produkte wie auch für Medien mit der Kennzeichnung „keine Jugendfreigabe" gilt, dass sie Minderjährigen nicht zugänglich gemacht werden dürfen (siehe hierzu auch Kapitel 16). Falls Sie vermuten, dass bei Ihrem Kind solche Medien-Titel auftauchen, können Sie sich etwa im „JugendMedienSchutz-Report" kundig machen, erhältlich bei der im Anhang angegebenen Adresse Nr. 5.

Anders als für die bislang genannten Medienangebote, gibt es weder für **Musik- und andere Tonaufnahmen** noch für Printmedien wie Zeitschriften, Comics oder Bücher eine Kennzeichnungspflicht im Sinne des Jugendschutzes, wohl aber Möglichkeiten der Indizierung oder Beschlagnahmung.

Für das **Internet** als auch für **Fernsehen** und **Radio** muss der Jugendschutz zumindest vonseiten deutscher Anbieter gewährleistet sein. Geregelt ist dies beispielsweise für das Fernsehen durch die Festlegung bestimmter Sendezeitfenster sowie durch Einblendung von Warnhinweisen vor Sendungen, die etwa „für Zuschauer unter 16 Jahren nicht geeignet“ sind. Weitere Informationen zur Aufsicht über Internet, Fernsehen und Radio sowie zu Institutionen der Freiwilligen Selbstkontrolle finden sich auf der Homepage der „Kommission für Jugendmedienschutz“ (KJM; siehe oben genannte Adresse der KJM) sowie bei „jugendschutz.net“ (siehe Anhang Nr. 9).

5.2 Empfehlenswerte Medienangebote

Einige für den Jugendmedienschutz tätige Institutionen beurteilen Medien nicht nur danach, welche für einzelne Altersgruppen ungeeignet sind, sondern auch, welche Angebote sie empfehlen können.

Auch vonseiten pädagogischer Experten werden Medienbewertungen vorgenommen und Empfehlungen ausgesprochen. Ihre Kriterien reichen von der altersangemessenen Aufbereitung (zum Beispiel Verständlichkeit) oder dem Unterhaltungswert bis hin zur Eignung für die Lernförderung der Kinder. Ebenso bewerten sie Angebote danach, inwieweit interessante Themen aus der kindlichen Lebenswelt behandelt werden und Inhalte für Kinder gut verkraftbar sind. Häufig beinhalten ihre Produktbeschreibungen zusätzlich auch die oben genannten Alterskennzeichnungen.

Bewertungen und Empfehlungen

- **zu verschiedenen Medien** bei der im Anhang unter Nr. 5 angegebenen BPjM, sowie bei Adressen, die in einzelnen Abschnitten der Kapitel 7 bis 10 angegeben sind
- **zu Büchern und Zeitschriften** bei www.stiftunglesen.de
- **zu Hörmedien**, vor allem für Hörspiele bei www.ohrenspitzer.de

Darüber hinaus sind Bewertungen auch in manchen Elternzeitschriften nachzulesen. Ebenso kann man sich im Handel beraten lassen, beispielsweise im Kinderbereich von Buchhandlungen und zwar nicht nur für Bücher, sondern zum Teil auch für Lernprogramme und Computerspiele.

Orientierungshilfen findet man schließlich auch in Online-Shopping-Portalen, zum Beispiel amazon.de, wenn man sich die Produktbewertungen anderer Eltern anschaut.

5.3 Die Bedeutung eigener Maßstäbe der Eltern

Nachdem wir Ihnen bislang vorwiegend solche Informationen und Anregungen gegeben haben, bei denen das Alter des jeweiligen Kindes als Kriterium für die Auswahl von Medienangeboten im Vordergrund stand, möchten wir allerdings auf Folgendes hinweisen: Das Alter des Kindes kann immer nur ein erster Ansatzpunkt sein.

Berücksichtigen sollten Sie darüber hinaus, inwieweit bei Ihrem Kind hinreichende Vorkenntnisse und Kompetenzen anzunehmen sind, sodass Sie ihm zutrauen, dass es schnell lernt, ein jeweils neues Medium beziehungsweise. eine Anwendung tatsächlich auch umsichtig und verantwortungsbewusst zu nutzen – man denke dabei etwa an den ersten Computer, ein neues Konsolenspiel, das erste Surfen im Internet oder den ersten Chat. Aber auch Ihr eigenes Wissen um Chancen und Risiken der jeweiligen Medien ist ein wichtiger Anhaltspunkt. Und nicht zuletzt hängt es auch von Ihren eigenen Wert- und Erziehungsvorstellungen ab, wie Sie darüber denken und wie Sie entscheiden, wenn es um Medienwünsche Ihres Kindes oder um die Frage geht, welche Medienangebote beziehungsweise -anwendungen Sie ihm zugänglich machen möchten.

Konkrete Bewertungen und Entscheidungen kann Ihnen also keiner abnehmen. Dies gilt auch für die Frage, ob Sie Ihr Kind vor ungeeigneten Medien gegebenenfalls durch technische Vorkehrungen schützen wollen, etwa durch Kinder- oder Jugendsperren. Ohnehin kann es allerdings bei solchen Beschränkungen allein keinesfalls bleiben.

5.4 Medienauswahl durch die Kinder

Nun geht es allerdings ja nicht nur darum, dass Eltern für ihre Kinder geeignete Medien auswählen oder sie an der Nutzung ungeeigneter Produkte zu hindern versuchen: Zum einen können Kinder auf verschiedensten Wegen selbst an Medien und dabei natürlich auch an durchaus ungeeignete Medienangebote herankommen. Zum anderen müssen Kinder schließlich lernen, Medien kompetent zu bewerten und auszuwählen. Dies wird ihnen jedoch kaum ermöglicht, wenn die Eltern ihnen die Auswahl abnehmen, statt ihnen mit zunehmendem Alter mehr Eigenständigkeit bei der Medienauswahl zuzugestehen. Damit Kinder möglichst keine bedenklichen Medienangebote auswählen und nutzen, ist eine frühzeitige Aufklärung über Risiken sowie insgesamt die Förderung von Medienkompetenz hilfreich, was allerdings im Einzelfall Reglementierung und akutes Eingreifen nicht ausschließt.

Sollte Ihr Kind häufiger Angebote nutzen, die Ihrer Ansicht nach ungeeignet sind, dann ist es besonders ratsam, Gespräche zu führen, um dahinterstehende Bedürfnisse zu verstehen und möglicherweise Alternativen zu deren Befriedigung anbieten zu können. Vorwürfe oder Beschimpfungen bringen einen da nicht weiter und führen eher zu einer heimlichen Mediennutzung und zu einer reduzierten Bereitschaft des Kindes, über seine Medienerlebnisse zu berichten.

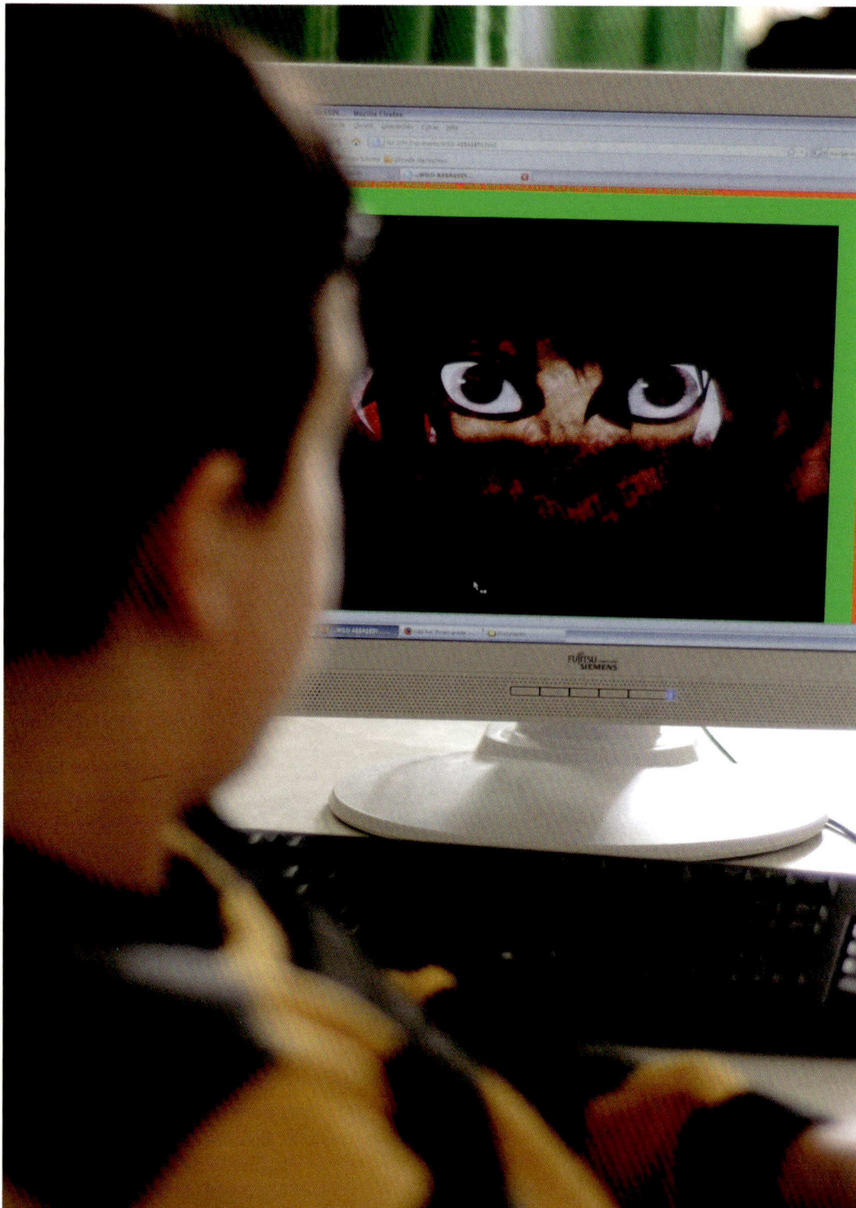
FUJITSU SIEMENS

6 ÜBERMÄSSIGE UND SÜCHTIGE MEDIENNUTZUNG

Die ständige Verfügbarkeit von Medien wie auch deren besondere Anziehungskraft für Kinder kann im Extremfall zu Abhängigkeitserscheinungen führen (zum Beispiel der sogenannten „Computerspielsucht").

> **„Ist mein Kind computersüchtig oder ist das normal so?"**

Vielleicht haben auch Sie sich schon einmal gefragt, ob es eigentlich normal ist, dass Ihr Kind oft stundenlang fernsieht oder kaum noch vom Computer wegzulotsen ist. Oder Sie haben sich eventuell sogar schon Sorgen darüber gemacht, ob denn auch Ihr Kind nun von der „Computerspielsucht" betroffen ist, über die so viel berichtet wird.

6.1 Was ist „normal"?

Tatsächlich verbringen heutige Kinder enorm viel Zeit mit Medien. Einige Beispiele für ausgewählte Altersgruppen und Medien finden Sie im folgenden Kasten.

Durchschnittswerte für die Nutzung ausgewählter Medien

Sechs- bis 13-Jährige sehen im Durchschnitt pro Tag etwa anderthalb Stunden fern. Mindestens eine Dreiviertelstunde beschäftigen sie sich mit dem Computer, davon etwa die Hälfte der Zeit mit dem Internet. Und das Computerspielen (PC oder Konsole) macht bei ihnen durchschnittlich mindestens eine halbe Stunde pro Tag aus.

Mit zunehmendem Alter steigt der Nutzungsumfang deutlich an. So sehen Sechs- bis Siebenjährige im Durchschnitt circa eineinviertel Stunden pro Tag fern, 12- bis 13-Jährige dagegen eindreiviertel Stunden. Am Computer sitzen Kinder zu Beginn des Grundschulalters bislang offenbar durchschnittlich nur circa eine Viertelstunde pro Tag, gleiches gilt für PC- beziehungsweise Konsolenspiele, und ins Internet gehen sie in diesem Alter noch kaum. 12- bis 13-Jährige beschäftigen sich dagegen im Durchschnitt bereits über eine Stunde pro Tag mit dem Computer. Das Internet nutzt diese Altersgruppe durchschnittlich mehr als eine halbe Stunde am Tag, und Computer-, Konsolen- oder Online-Spiele nehmen bei ihnen weit mehr als eine Stunde in Anspruch.

Wie immer bei Durchschnittswerten trifft auch hier allerdings zu, dass natürlich viele Kinder weitaus weniger und andere weitaus mehr Zeit mit Medien verbringen. So ist bei der Internetnutzung wie auch beim Computerspielen besonders auffallend, dass zu den „Vielnutzern“ dieser Medien jeweils weitaus mehr Jungen als Mädchen gehören.

Betrachten wir einmal nur den Anteil derjenigen Kinder, die mit dem Computerspielen pro Tag im Durchschnitt mehr als eine Stunde zubringen, so zeigt sich: Unter den Acht- bis Neunjährigen trifft dies auf etwa jedes zehnte Kind zu, bei den 12- bis 13-Jährigen dagegen schon auf mehr als jedes dritte. Und in der letzteren Altersgruppe beschäftigt sich ein nicht geringer Teil der Kinder immerhin mehr als zwei Stunden pro Tag mit Computer- beziehungsweise Konsolenspielen (an Werktagen etwa jedes sechste, am Wochenende etwa jedes fünfte Kind).

Solche und weitere Angaben zur Mediennutzung von Kindern finden sich vor allem in den Studien „KIM“ und „JIM“ des Medienpädagogischen Forschungsverbundes Südwest (www.mpfs.de).

Das Beispiel Computerspielen haben wir im obigen Kasten absichtlich besonders hervorgehoben, denn wenn es um die übermäßige Mediennutzung Heranwachsender geht, stellt das exzessive Spielen das gravierendste Problem dar.

Allerdings gilt hierfür wie auch für die exzessive Nutzung anderer Medien: Nicht jedes Kind, das stundenlang am Computer sitzt, chattet oder online spielt, ist sofort als „süchtig“ zu bezeichnen: Wenn ein Kind krank ist, kann es durchaus einmal länger fernsehen oder am Computer spielen. Besorgniserregend ist es auch nicht, wenn Jugendliche etwa beim ersten Liebeskummer anfangs oft stundenlang anderen ihr Leid in einem Online-Netzwerk klagen. Und hat ein Kind gerade ein neues Computerspiel bekommen, so ist es völlig normal, wenn es damit in der ersten Zeit ausgiebiger spielt.

6.2 Wann wird exzessives Computerspielen ein ernstes Problem?

Nicht immer muss man sich bei exzessiver Mediennutzung gleich Sorgen machen, sofern sie sich anschließend wieder auf ein normales Maß einpendelt. Sollte dies allerdings nicht der Fall sein, so gilt es einzugreifen. Wichtig ist dann zu erkennen, ob es sich bereits um ein problematisches Nutzungsausmaß oder gar um Abhängigkeit beziehungsweise „Sucht“ handelt. Leider sind die Grenzen fließend, und es ist oft schwer zu entscheiden, wie gravierend das Problem tatsächlich ist.

Was sind erste Warnzeichen für die Entstehung einer Abhängigkeit?

- Das Kind verwendet den größten Teil seiner Freizeit für das Computerspielen. Andere Aktivitäten interessieren es zunehmend weniger.
- Auch Denken, Fühlen und Handeln werden vom Spielen und von virtuellen Kontakten mit anderen Spielern beherrscht.
- Sozialkontakte, Pflichten, Leistung, Hobbys und ähnliches werden vernachlässigt. Stattdessen zeigt sich eine erhöhte Tendenz, die Realität auszublenden und in die virtuelle Welt abzutauchen.
- Es zeigen sich bereits negative Konsequenzen, wie Leistungsprobleme in der Schule oder der Abbruch von Freundschaften.
- In der Familie gibt es häufiger Streit über das Ausmaß des Computerspielens. Auf Reglementierungen und Ermahnungen seitens der Eltern reagiert das Kind inzwischen – falls überhaupt noch – aggressiv oder ängstlich.

Und was sind dann Kennzeichen und Begleiterscheinungen eines als „süchtig“ bezeichneten Computerspielens?

In Extremfällen kann aus einer problematischen Exzessivnutzung eine Abhängigkeit werden, die sich gegebenenfalls folgendermaßen äußert:

- Merkmale und Folgen des exzessiven Computerspielens, wie oben beschrieben, sind zunehmend extremer ausgeprägt.

- Das Kind hat seine Spielzeiten und -dauer nun nicht mehr unter Kontrolle, und seine Versuche, das Computerspielen einzuschränken, scheitern. Vielmehr hat es ein unwiderstehliches Verlangen, permanent zu spielen. Der Computer ist unentwegt an oder wird ständig wieder hochgefahren, gegebenenfalls auch trotz Verboten. Heimliches Computerspielen kommt nun häufiger vor.

- Wenn das Kind einige Stunden oder Tage nicht spielen kann oder darf (beispielweise weil es die Eltern mit ihm so vereinbart haben – was als Test durchaus sinnvoll ist), wirkt es unruhig und gereizt oder wird aggressiv. Bei längerer Unterbrechung nehmen solche „Entzugserscheinungen" zu.

- Das Kind zieht sich immer mehr zurück (ist fast nur noch in seinem Zimmer, trifft sich weniger oder gar nicht mehr mit Freunden), ist kaum noch für die Eltern ansprechbar und interessiert sich nur noch für das Computerspielen.

- Eventuell geht auch das Interesse für das eigene Äußere zurück.

- Es treten verschärft ernsthafte Konsequenzen auf (zum Beispiel auffallendes Nachlassen der Schulleistungen).

- Konzentrationsprobleme ebenso wie Schlaf- oder Ess-Störungen und gesundheitliche Probleme können sich als Begleiterscheinungen verstärkt bemerkbar machen.

Weitere Informationen zu den oben genannten Fragen finden Sie in den in Kapitel 6.5 angegebenen Adressen.

6.3 Was können Ursachen der „Computerspielsucht" sein?

Selbst wenn es beim „süchtigen" Computerspielen nur um Extremfälle geht, sollten Eltern um die prinzipiell möglichen Ursachen wissen, damit sie den Gefahren vorbeugen können.

Wichtig hierfür ist sich klarzumachen: Die Spiele bieten gerade Heranwachsenden vielfältige Möglichkeiten, ein breites Spektrum elementarer Bedürfnisse zu befriedigen (siehe Kapitel 9).

Manche Computerspiele haben ein hohes Suchtpotenzial.

Computerspiele sind insofern aber nicht nur höchst attraktiv, sondern können je nach Spielart auch ein hohes Suchtpotenzial aufweisen. Dies gilt besonders für bestimmte Online-Rollenspiele, bei denen eine große Zahl an Spielern (zum Teil mehrere hundert) an einem gemeinsamen Geschehen gleichzeitig beteiligt ist: Multiuser-Online-Rollenspiele beziehungsweise sogenannte MMORPG wie „World of Warcraft" (zu verschiedenen Arten von Computerspielen siehe Kapitel 9). Bei solchen Spielen gibt es kein festgelegtes Ende. Vielmehr entwickelt sich das Spielgeschehen durch die Aktionen der Spieler permanent weiter, und zwar auch dann, wenn man selbst vorübergehend nicht im Spiel ist – was einem allerdings vielfältige Nachteile einbringen kann. Insofern wird ein hoher zeitlicher Einsatz gefordert und eine andauernde Spielbeteiligung belohnt, wobei beides zu einer starken Bindung an das Spiel, die Spielgemeinschaft und das eigene Team beiträgt. Die Konsequenz ist, dass es Spielern oft schwer fällt, sich vorübergehend auszuklinken und ihre Spielzeit zu beschränken.

Merkmale aufseiten der Spieler selbst sind aber noch wichtiger.

Somit haben manche Spiele zwar ein hohes Suchtpotenzial, die Gründe für das „süchtige" Computerspielen liegen zumeist aber weniger bei den Spielen, sondern vielmehr bei den Spielern selbst: den Heranwachsenden mit ihren individuellen Eigenschaften, Problemen und Bedürfnissen. Besonders anfällig sind Kinder und Jugendliche dann, wenn bei ihnen Folgendes der Fall ist:

- ein hohes Maß an Problemen, Frustration und Stress (zum Beispiel in der Schule oder mit Freunden), zur Bewältigung gleichzeitig aber geringe Kompetenzen und wenig Unterstützung durch andere (zum Beispiel die Eltern);
- das Gefühl, unwichtig beziehungsweise bedeutungslos, unterbewertet und unverstanden zu sein, sich auf andere wenig verlassen zu können und nur wenig in der Lage zu sein, das eigene Leben zu meistern (zum Beispiel bessere Schulnoten zu erreichen) und seine Zukunft zu planen (zum Beispiel einen Beruf zu wählen);
- Schwierigkeiten, Kontakte zu knüpfen und Freundschaften einzugehen; soziale Isolation und Einsamkeit;
- mangelnde Möglichkeiten und Kompetenzen, um eigene Bedürfnisse auf verschiedenen Wegen (und nicht einseitig durch Mediennutzung) zu befriedigen;
- eine geringe Fähigkeit, sich selbst zu kontrollieren beziehungweise „sich im Griff zu haben“.

6.4 Wie kann man einer Medienabhängigkeit vorbeugen?

Zur Vorbeugung von Medienabhängigkeit gilt es zunächst einmal, im Rahmen der Erziehung soweit wie möglich solche Ausgangsbedingungen herzustellen, die eine wichtige Basis bieten, um die gerade genannten Defizite und Probleme bis zu einem gewissen Grade ausschließen zu können.

Dazu gehört es zum einen, dem Kind Anerkennung und Vertrauen in sich selbst wie auch in Sie als Eltern sowie das Gefühl von Sicherheit und Geborgenheit zu vermitteln. Ebenso ist es wichtig, ihm Ziele und Maßstäbe, Anregung und Orientierung an die Hand zu geben und Möglichkeiten für Freizeitbeschäftigungen, gegebenenfalls auch gemeinsame, aufzuzeigen.

Zum anderen besteht eine wichtige Basis zur Vorbeugung auch darin, das Kind weitestmöglich zu fördern: angefangen bei Grundkompetenzen wie Selbstkontrolle und vernünftiger Zeiteinteilung bis hin zu Strategien für die Bewältigung von Anforderungen und Problemen und zur Befriedigung von Bedürfnissen.

Jenseits der allgemeinen Erziehungspraxis gilt es zur Vorbeugung von Medienabhängigkeit aber auch, speziell auf den Medienumgang der Kinder einzuwirken. Mindestens in den ersten Grundschuljahren ist es dabei besonders wichtig, den Umfang ihrer Mediennutzung zu reglementieren, und zwar in erster Linie durch eine zeitliche Beschränkung. Insbesondere wenn sich Ihr Kind häufig ohne Aufsicht mit Medien beschäftigt, kann es zunächst sinnvoll sein, die Nutzungsdauer und -zeiten durch technische Vorkehrungen zu beschränken. Für PC und Internet besteht eine solche Möglichkeit darin, dass Sie die Jugendschutzfunktion nutzen, die bei bestimmten Betriebssystemen aktiviert werden kann. Ebenso können Sie eine Kinderschutz-Software (zum Beispiel von fragFINN, siehe Anhang Nr. 7) verwenden, mit der bestimmte Uhrzeiten wie auch eine Höchstdauer einzustellen sind. Verschiedene Lösungen gibt es auch für TV-Geräte und Spielkonsolen: So haben manche Konsolen einen sogenannten „Familien-Timer", mit dem Sie die maximale tägliche oder wöchentliche Nutzungsdauer festlegen können. Weitere Informationen zu Möglichkeiten bei Spielkonsolen und PC finden Sie in der Broschüre „Richtig Spielen!" (erhältlich bei www.game-bundesverband.de).

Technische Beschränkungen können jedoch allenfalls eine Ergänzung zur Medienerziehung sein, zumal die Kinder mit zunehmendem Alter schnell herausfinden, wie sie die Sperren umgehen können. Vielmehr ist es – ebenso wie im Hinblick auf andere Aspekte des Medienumgangs – auch für den zeitlichen Umfang der Mediennutzung angesagt, von vornherein Regeln zu vereinbaren und ihre Einhaltung zu beobachten. Dies gilt auch für Einschränkungen im Tagesablauf: zum Beispiel Fernsehen oder Computerspielen nicht vor den Schularbeiten oder vor dem Schlafengehen!

Statt starre Zeitlimits für die tägliche Nutzungsdauer vorzugeben und damit das Kind zu nötigen, beispielsweise ein Computerspiel im unpassendsten Moment abzubrechen, ist es sinnvoller, ein wöchentliches Zeitkontingent zu vereinbaren, das dem Kind eine gewisse Flexibilität ermöglicht – was auch unter einem anderen Gesichtspunkt angebrachter erscheint: Bei aller Reglementierung ist wichtig zu bedenken, dass Kinder lernen müssen, den Umfang ihrer Mediennutzung selbst zu steuern und zu kontrollieren!

Gerade zur Vorbeugung von Medienabhängigkeit ist es aber durchaus sinnvoll, Stunden oder Tage zu verabreden, an denen der Computer in der Freizeit ausgeschaltet bleibt. Dadurch ist es auch möglich festzustellen, ob sich bei Ihrem Kind gegebenenfalls erste „Entzugserscheinungen" und damit Warnzeichen zeigen. Spätestens dann sind gemeinsame Gespräche und Beobachtung des Kindes wichtig, um ihm dabei zu helfen, das Problem zu erkennen und in den Griff zu bekommen (für Tipps zu Gesprächen siehe Kapitel 4.3).

6.5 Was ist bei ersten Anzeichen einer Medienabhängigkeit zu tun?

In solchen Situationen sollten Eltern versuchen, ruhig und sachlich zu bleiben, liebevoll vorzugehen und radikale Maßnahmen zu vermeiden: Vorwürfe, Drohungen und ein generelles Verbot beziehungsweise der Entzug des Mediums (zum Beispiel des Computerspiels) könnten allenfalls zu Gegenreaktionen oder gar zur Steigerung der Problematik führen. Stattdessen ist es bei den ersten Anzeichen zunächst angebracht, mit dem Kind gemeinsam nach Gründen zu suchen und ihm bei der Lösung seiner eigentlich zugrunde liegenden Probleme zu helfen, etwa bei der Überwindung solcher Defizite, die zur Nutzung des Computers als Ersatzbefriedigung geführt haben.

Erforderlich ist es jedoch auch, dem Kind eine Einsicht in die negativen Auswirkungen seines exzessiven Computerspielens zu vermitteln (weshalb Eltern keinesfalls Ausreden gegenüber der Schule oder den Freunden des Kindes erfinden sollten, um etwa Fehlzeiten, Müdigkeit oder das Desinteresse an Verabredungen zu entschuldigen).

Und schließlich sollte das Kind bei seinen Versuchen, sein Nutzungsverhalten – sofern noch möglich – zu ändern, bestärkt beziehungsweise belohnt werden.

Falls alle Bemühungen scheitern, ist in jedem Fall eine professionelle Beratung und gegebenenfalls Therapie erforderlich. Wenn Sie also bereits eine Suchtproblematik vermuten und Beratung und Hilfe in Anspruch nehmen wollen, sollten Sie sich als erstes an eine Suchtberatungsstelle in Ihrer Region wenden. Weitere Informationen finden Sie bei den im folgenden Kasten angegebenen Adressen.

Einige weiterführende Tipps:

Informationen zu Warnzeichen und möglichen Ursachen exzessiven Computerspielens sowie zur Vorbeugung von Medienabhängigkeit finden Sie in den Online-Broschüren „Zuviel Zeit am Bildschirm?“ und „Reiz und Risiken von Computerspielen“ der BPjM (www.bundespruefstelle.de, siehe Anhang Nr. 5) unter „Jugendmedienschutz: Medienerziehung“ im Bereich „Computer- & Konsolenspiele“, sowie bei „Schau Hin!“ (siehe Anhang Nr. 15).

Falls Sie Beratung zur Suchtproblematik wünschen, finden Sie eine Adressenliste bei der BPjM unter „Beratung und Informationen bei Medienabhängigkeit“ oder in der oben genannten Broschüre „Zuviel Zeit am Bildschirm?“. Darüber hinaus können Sie sich an die Hotline der BPjM wenden.

INFORMATIONEN UND HILFESTELLUNGEN ZU EINZELNEN MEDIEN

In den vorangegangenen Kapiteln haben wir begründet, weshalb Medienerziehung in der Familie notwendig ist, was unter Medienerziehung zu verstehen ist und wie man dabei vorgehen kann. In diesem Zusammenhang sind wir bereits auf etliche Fragen von Eltern eingegangen und haben Ihnen Informationen, Empfehlungen und Hilfestellungen gegeben, die sich auf den Medienumgang von Kindern mit Blick auf verschiedenste Medien beziehen.

Im Folgenden richten wir uns nun auf spezielle Anforderungen für die Medienerziehung, die sich bei bestimmten Medien stellen, und geben Ihnen jeweils entsprechende Informationen, Anregungen und Tipps.

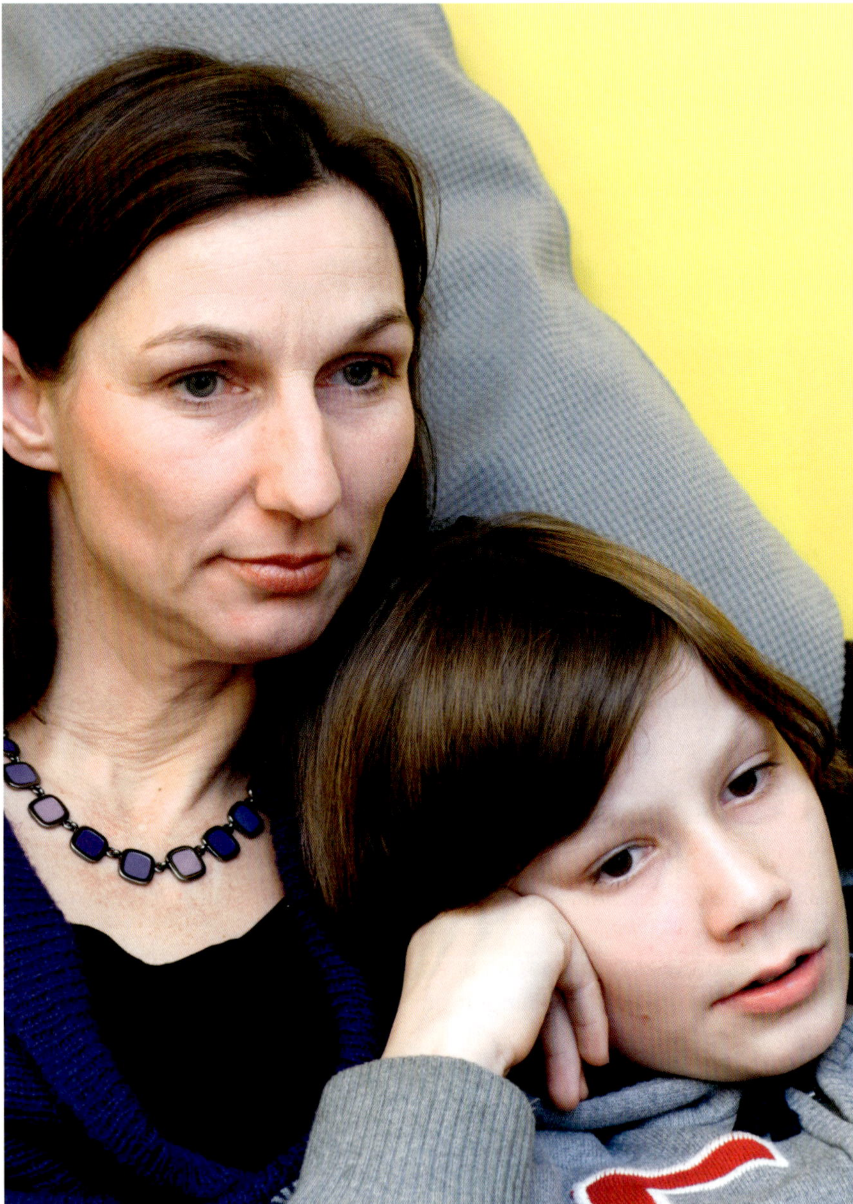

7 KINDER UND FERNSEHEN

Fernsehen nur an TV-Geräten und Filmsehen nur mit Video- oder DVD-Player: das war einmal! Heute sind die Nutzungsmöglichkeiten von bewegten Ton-Bild-Dokumenten – sogenannten Audio-Visuellen Medien (kurz AV-Medien) – um ein Vielfaches erweitert: Fernsehen ist am PC möglich (mit TV-Karte oder DVB-T), über das Internet und teilweise auch per Handy. DVD-Filme kann man am PC und auch mit manchen Spielkonsolen sehen. Darüber hinaus sind Filme und Videoclips sowie aufgezeichnete TV-Sendungen im Internet anzuschauen (zum Beispiel bei „youtube" oder „MyVideo") oder herunterzuladen, können auf Handys geschickt und auf verschiedenen Geräten wie Computer oder Handy angesehen werden.

Viele dieser Nutzungsmöglichkeiten sind auch für Kinder zugänglich. Und dies gilt ähnlich für das Angebot an AV-Medieninhalten, das sich in den letzten Jahren immens erweitert hat, etwa durch neue TV-Formate und -Genres oder privat produzierte Video-Clips im Internet.

Angesichts dieser Vervielfältigung von AV-Inhalten und Zugangsmöglichkeiten hat das Thema an Bedeutung für die Medienerziehung noch weiter zugenommen.

In diesem Kapitel konzentrieren wir uns zunächst vorrangig auf das Anschauen von Filmen und Fernsehsendungen auf herkömmliche Weise, während wir auf die Nutzung per Internet oder Handy erst in späteren Kapiteln eingehen (Kapitel 10 und 11).

7.1 Chancen und Risiken des Fernsehens

Fernsehen steht bei Kindern nicht nur immerhin an dritter Stelle ihrer liebsten Freizeitbeschäftigungen, sondern ist auch diejenige Medienbeschäftigung, der Kinder im Vergleich zu anderen Medien am meisten Zeit widmen.

> **„Darf ich was fernsehen?“**

Ein Grund für diese nach wie vor ungebrochene Beliebtheit des Fernsehens liegt vor allem am breiten Angebotsspektrum und an den damit verbundenen Möglichkeiten zur Befriedigung unterschiedlichster Bedürfnisse (zu Motiven der Mediennutzung siehe Kapitel 3.4).

Auf solche und weitere Vorteile des Fernsehens beziehungsweise der AV-Mediennutzung gehen wir hier nicht weiter ein, sondern konzentrieren uns im Folgenden auf mögliche Risiken, da hierin ein besonderer Bedarf für die Medienerziehung liegt. Dabei ist auch an neue Empfangsmöglichkeiten wie den digitalen TV-Empfang zu denken, die nicht ausschließen, dass Kinder auch tagsüber für sie ungeeignete Programme sehen (zum Beispiel Telefonsex-Werbung, Live-Erotik).

> **Fernsehen ist bei Kindern höchst beliebt, bringt neben Chancen aber auch einige Risiken mit sich.**

Sicher ist jedem einleuchtend, dass bestimmte TV-Sendungen, wie Horror- oder Erotik-Filme, Krimis oder Kriegsfilme, ohnehin für Kinder nicht geeignet sind. Weniger ist man sich hingegen der Tatsache bewusst, dass auch Kindersendungen nicht unbedingt unproblematisch sein müssen, wenn den Kindern – je nach Alter – etwa zur angemessenen Verarbeitung des Gesehenen notwendige Kompetenzen und ein entsprechender Erfahrungshintergrund noch fehlen. Gleiches gilt für viele bei Kindern beliebte Sendungen, die eher für Jugendliche oder Erwachsene gedacht sind (zum Beispiel Casting-Shows, Boulevard- oder Promi-Magazine oder sogenannte Reality-Formate wie „Frauentausch“ oder „Bauer sucht Frau“).

Mögliche Wirkungsrisiken heutiger TV-Formate können dabei in mehrerlei Hinsicht vorliegen:

- So können bei Kindern falsche oder verzerrte Realitäts- und Wertvorstellungen entstehen, die vielen Erziehungsidealen wie Respekt, Anstand oder Toleranz zuwiderlaufen: etwa wenn Fernsehsendungen Stereotype und Vorurteile beinhalten, Klischees bedienen oder fragwürdige Problemlösungen und Handlungsstrategien aufzeigen. Ähnliche Probleme ergeben sich bei sogenannten Reality-Formaten, wenn die Realität verzerrt dargestellt wird, für Kinder aber kaum durchschaubar ist, dass dem eine Inszenierung zugrunde liegt. Bedenklich ist auch die Zurschaustellung von problembelasteten Personen: Nicht selten werden diese, zur Schadenfreude des Publikums, lächerlich gemacht oder abgewertet, etwa bei Casting-Shows wie „Deutschland sucht den Superstar".

- Wenn Kinder das im Fernsehen oder auch in Filmen beobachtete fragwürdige Verhalten als üblich ansehen oder die dort vermittelten Vorstellungen für gemeinhin akzeptiert halten, kann sich dies negativ auf ihr Verhalten auswirken: etwa indem bestimmten Idealen (zum Beispiel Schönheitsidealen) nachgeeifert wird, ein bestimmter Sprach- und Kommunikationsstil übernommen wird (zum Beispiel andere ständig unterbrechen, heftig kritisieren oder lächerlich machen) oder indem Kinder aggressives Verhalten oder Mobbing in ihr Verhaltensrepertoire übernehmen.

- Manche Sendungen legen es Kindern nahe, bestimmte Ideale aus dem Fernsehen für sich zu übernehmen, etwa schlank und schön zu sein wie die Models bei „Germany's next Topmodel" oder singen zu können wie bei „Deutschland sucht den Superstar". Wenn sie sich dann an den Idealen messen und feststellen, dass sie diese auch bei aller Anstrengung kaum erreichen können, kann es höchst negative psychische Folgen haben. Zu denken ist aber auch an Inhalte, die Kinder unmittelbar verunsichern oder ängstigen können: etwa wenn Sendungen einen nahen Bezug zur ihrer Alltagswelt haben beziehungsweise etwas gezeigt wird, was Kindern auch selbst widerfahren kann (beispielsweise wenn es in einer TV-Serie vorkommt, dass ein Kind verunglückt oder sich die Eltern trennen).

Es lässt sich also auch bei Fernsehsendungen, die nicht auf den ersten Blick problematisch erscheinen, ein breites Spektrum an Wirkungsrisiken ausmachen, wobei sich solche Risiken der TV-Nutzung großenteils auf jegliche AV-Mediennutzung übertragen lassen (zu sonstigen Wirkungen siehe auch Kapitel 3.2; zur Wirkung von Gewaltinhalten Kapitel 12).

Wie für alle Fragen zu Medienwirkungen, so gilt auch hier: **Neben dem Medieninhalt selbst spielen weitere Einflussfaktoren eine Rolle**, angefangen vom Alter des Kindes, seinen Nutzungsgewohnheiten und seiner Medienkompetenz, bis hin zu seinen familiären und außerfamiliären Erfahrungen.

Weitere Informationen zu Chancen und Risiken der Nutzung von AV-Medien bei Kindern sowie zur hierauf gerichteten Medienerziehung finden Sie in der Broschüre „Geflimmer im Zimmer" (erhältlich bei der Bundesprüfstelle für jugendgefährdende Medien, siehe Anhang Nr. 5), bei „Schau Hin!" (im Anhang Nr. 15) und „FLIMMO" (im Anhang Nr. 6).

7.2 Was können Eltern tun?

Bei jüngeren Kindern kann man durch die Auswahl geeigneter und altersgerechter Inhalte sowie durch klare Zeitregelungen den Film- und Fernsehkonsum noch leicht steuern. Bei älteren ist eine solche Steuerung dagegen weniger angebracht und auch weniger möglich: Sie nutzen bereits die vielfältigsten Möglichkeiten zum Fernsehen und Filmsehen, und zwar selbstständig und weitestgehend außerhalb elterlicher Kontrolle. Medienerziehung, die hierfür notwendige Kompetenzen vermitteln kann, sollte daher möglichst früh beginnen.

Geeignete AV-Medienangebote auswählen.

Die zentrale Frage, welche Medien für Kinder ungeeignet beziehungsweise geeignet sind, wurde bereits in Kapitel 5 behandelt. Die dort angesprochenen „Alterskennzeichnungen“ können auch bei der Auswahl von DVD-Filmen oder im Fernsehprogramm eine erste Orientierung bieten. Hilfreich ist hierbei zudem das Angebot von FLIMMO (siehe Nr. 6 Anhang) mit seinen Bewertungen des aktuellen TV-Programms. Einen speziellen Service für nach Altersstufen sortierten Film-Empfehlungen bietet das Kinder- und Jugendfilmzentrum (www.top-videonews.de).

Während in solchen Empfehlungen das Alter Hauptkriterium ist, sollten Eltern bei der Medienauswahl jedoch auch weitere Gesichtspunkte berücksichtigen (beispielsweise den Erfahrungshintergrund des Kindes und seine vorhandenen Kompetenzen; zu weiteren Kriterien siehe auch Kapitel 4.2 und 5). Ebenso wichtig ist es allerdings, dass Eltern ihren Kindern Bewertungskriterien, auch hinsichtlich möglicher Wirkungsrisiken, an die Hand geben und sie somit zur eigenen Medienauswahl befähigen.

Technische Vorkehrungen treffen, aber auch andere Möglichkeiten nutzen.

Um Kinder vor ungeeigneten Inhalten zu schützen, können technische Vorkehrungen hilfreich sein – insbesondere dann, wenn die Kinder noch jünger sind und sie Geräte zu Hause auch ohne elterliche Aufsicht nutzen: Je nach Fernsehgerät oder digitalem Receiver kann per Pin-Code eine Vollsperrung oder eine Kinder- und Jugendsicherung eingeschaltet werden, um einzelne

Sendungen oder bestimmte Kanäle zu sperren. Pay-TV-Angebote verfügen grundsätzlich über Jugendschutzeinstellungen („Parental-Control-System"), aber auch viele DVD- oder Blu-ray-Player sowie Spielkonsolen, die DVDs oder Blu-ray-Discs abspielen können. So kann man beispielsweise einstellen, dass sich Kauf-DVDs, die erst ab 16 Jahren freigegeben sind, nur nach einer Kennworteingabe abspielen lassen. Diese Möglichkeit ist je nach Betriebssystem auch für Computer gegeben.

Technische Sperren und bloße Reglementierungen der AV-Mediennutzung sind allerdings kein Ersatz für eine umfassendere Medienerziehung, denn auch mit Blick auf AV-Medien müssen Kinder einen selbstständigen kompetenten Medienumgang lernen, zumal sie diesen Angeboten auch außerhalb des Elternhauses, zum Beispiel bei Freunden, ausgesetzt sind.

Gerade für das Fernsehen haben Eltern eine wichtige Vorbildfunktion. Außerdem spielt die gemeinsame Mediennutzung hier eine große Rolle: So kann man bei einem jüngeren Kind während des gemeinsamen Fernsehens mitbekommen, wie es mit den Inhalten zurechtkommt (ob es zum Beispiel die Sendung versteht oder den Filminhalt verkraften kann), und entsprechende Konsequenzen ziehen. Aber auch bei älteren Kindern kann gemeinsames Fernsehen oder Filmanschauen sinnvoll sein. Hiermit bietet sich gleichzeitig nämlich ein guter Ausgangspunkt für Gespräche, etwa über Bewertungskriterien oder Erfahrungen mit Medienwirkungen oder auch darüber, wie Film-Tricks funktionieren.

8 KINDER AM COMPUTER

Computer gehören inzwischen zu unserem Alltag, und der kompetente Umgang mit Computern gilt in der Gesellschaft fast schon als eine „Kulturtechnik" wie Lesen, Schreiben und Rechnen.

Das Angebot an verschiedenen Geräten ist riesig: angefangen von reinen Spielkonsolen, über Kinder- oder Lerncomputer, bis hin zu modernen PCs und Laptops mit ihrer sich permanent steigernden Leistungsfähigkeit. Die meisten Computer sind heute Multimedia-Geräte mit einer breiten Auswahl an Funktionen und Nutzungsmöglichkeiten. Dabei ist zwischen der reinen Offlinenutzung (das heißt ohne Internetverbindung) und der Onlinenutzung (das heißt mit Internetverbindung) zu unterscheiden.

Auch offline dienen Computer nicht nur für Textverarbeitung, Rechnen und Zeichnen, sondern auch für computergestütztes Lernen, zur Bearbeitung von Bildern, zum Musikhören und Anschauen von Filmen; man kann mit ihnen Musik bearbeiten oder Computerspielen – um nur einige Anwendungsbeispiele zu nennen (zur Onlinenutzung siehe Kapitel 10).

8.1 Chancen und Risiken der Computernutzung

Angesichts der genannten Nutzungsmöglichkeiten (die sich zudem teilweise auch parallel anwenden lassen, zum Beispiel während der Schularbeiten am PC gleichzeitig Musik hören) und ihrer enormen Bandbreite verwundert es nicht, dass Computer für Kinder attraktiv sind und auch in der Freizeit von ihnen viel genutzt werden. Der Nutzungsumfang nimmt mit dem Alter stetig zu: Unter den Sechs- bis Siebenjährigen sitzt etwa jedes siebte Kind fast jeden Tag am Computer, bei den 12- bis 13-Jährigen ist es dagegen schon etwa die Hälfte.

Ein kompetenter Umgang mit dem Computer gehört zu Schlüsselkompetenzen für Ausbildungs- und Berufschancen und ist ebenso eine wichtige Voraussetzung für Alltagsbereiche wie etwa die Ausübung von Hobbys (zum Beispiel Bearbeitung und Verwaltung privater Fotos). Je nach Anwendung kann die kompetente Computernutzung den eigenen Handlungsspielraum erweitern, der Umsetzung eigener Bedürfnisse und Anliegen dienen, Technikkompetenzen einüben und zur Weiterentwicklung der Medienkompetenz beitragen.

Mit der Computernutzung sind aber auch Risiken verbunden. Hierzu gehören zunächst einmal Gefahren, die sich auf die Nutzung bestimmter Medieninhalte beziehen: Je nach Ausstattung können Kinder am Computer – sei es per Internet oder offline etwa per DVB-T, DVD oder CD – nicht nur für sie geeignete Inhalte anschauen, lesen oder hören, sondern auch ungeeignete oder gar gefährdende Inhalte. Insofern sind bei bestimmten Anwendungen auch offline ähnliche Risiken einzukalkulieren, wie sie ohne Computer beim Fernsehen, Musikhören oder Anschauen von Filmen möglich sind. Dass sich für Ihr Kind solche Risiken ausweiten, wenn es online geht, dürfte unmittelbar einleuchten (zum Internet siehe Kapitel 10; zum Online-Spielen Kapitel 9).

Weiterhin möchten wir auf eine Gefahr hinweisen, die zwar nur manche Kinder betrifft, dennoch aber nicht zu unterschätzen ist: Angesichts der Attraktivität des Computers entwickeln einige Kinder einen exzessiven, unkontrollierten und damit gegebenenfalls problematischen Umgang mit dem Computer (siehe hierzu Kapitel 6).

Sicherheitsrisiken

Ein gravierendes Problem stellen Sicherheitsrisiken dar: Leider hat sich seit der massenhaften Nutzung von PCs auch die Problematik der „Schadsoftware" und der damit verbundenen Risiken vervielfältigt. Die Möglichkeit, sich solche Software „einzufangen", besteht nicht nur bei der Onlinenutzung, sondern auch ohne Internet-Verbindung, wenn sie durch CDs, DVDs, USB-Sticks oder MP3-Player übertragen wird. Entsprechende Vorsichtsmaßnahmen sind also erforderlich. Ansonsten könnten – auch bei der Offlinenutzung – Dateien oder Programme auf der Festplatte durch Viren verändert oder zerstört werden. Zudem bestünde bei der Onlinenutzung sonst das Risiko, dass persönliche Daten ausgespäht werden, andere durch Trojaner oder Keylogger die Kontrolle über den PC erlangen und diesen gegebenenfalls für illegale Machenschaften missbrauchen können. Deshalb ist es wichtig sich zu schützen, um zu verhindern, dass persönliche Zugangsdaten– etwa zum E-Mailbereich oder Ebay-Account – oder Konto- und Kreditkarten-Informationen entwendet werden können.

8.2 Was können Eltern tun?

Wie lassen sich Sicherheitsrisiken reduzieren?

Um Sicherheitsrisiken zu reduzieren, ist es in jedem Fall ratsam, Ihrem Kind einen in seinen Nutzungsmöglichkeiten beschränkten Zugang zu einem eigenen Bereich auf dem PC einzurichten, indem Sie ihm ein Kennwort vergeben (ob Sie diesen Zugang mit einem Passwort regeln und gegebenenfalls nur Sie darüber verfügen, hängt vom Alter des Kindes wie auch von Ihren Erziehungsvorstellungen ab). Durch diese Maßnahme ist sichergestellt, dass keine Veränderungen etwa durch Softwareinstallation die Funktionsfähigkeit des PC stören, und auch keine Dateien (zum Beispiel Filme) oder Programme möglicher Mitnutzer aufgerufen oder gelöscht werden.

Jedoch sind dringend weitere Schutzmaßnahmen nötig: die Einrichtung und Pflege einer Firewall, vor allem gegen Angriffe aus dem Internet, und eines Antivirenschutzes, sowie regelmäßige Aktualisierung des Betriebssystems und schutzrelevanter Software (vor allem Office-Programme und Browser). Zu Sicherheitseinstellungen finden Sie Informationen bei www.internetabc.de/eltern/sicherheitseinstellungen.php.

Wie finde ich für mein Kind geeignete Software?

Welche Möglichkeiten Ihr Kind am Computer nutzen kann und inwieweit Gefahren einer riskanten Anwendung ausgeschlossen sind, hängt natürlich von der installierten Software und den zugänglichen Inhalten ab. Hilfe bei der Auswahl geeigneter Computerprogramme finden Sie einerseits in Ihrem Freundes-/ Bekanntenkreis oder im Fachhandel. Andererseits können Sie in entsprechenden Empfehlungslisten oder speziellen Datenbanken nachschauen (Adressen hierfür finden Sie unten). Zur Auswahl von Lernprogrammen für schulisches Lernen können Sie zudem in der Schule nachfragen, inwieweit die Software den Lernmethoden der Schule entspricht.

Informationen und Datenbanken zur Auswahl geeigneter Computerprogramme inklusive Lernsoftware für Kinder finden Sie hier:
Internet-ABC, Elternbereich (siehe Anhang Nr. 8)
www.feibel.de

Wie bei anderen Medien, benötigt Ihr Kind auch und gerade für die Computernutzung Medienkompetenz. Um Ihrem Kind eine optimale Nutzung von Chancen zu ermöglichen wie auch Risiken zu reduzieren, ist es vor allem angesagt, das Kind in die wesentlichen Funktionen und Anwendungen einzuführen, es unterstützend zu begleiten und über positive Möglichkeiten wie auch potenzielle Risiken aufzuklären. Abgestimmt auf das jeweilige Kind, seine Medienkompetenz und seinen Umgang mit dem Computer, ist es – bei jüngeren wie auch älteren Kindern – gegebenenfalls erforderlich, frühzeitig regulierend einzugreifen. Anregungen, die sich auch auf eine Erziehung zum kompetenten Umgang mit Computern anwenden lassen, haben wir Ihnen insbesondere in Kapitel 4.3 gegeben.

Was ist in der Medienerziehung angesagt?

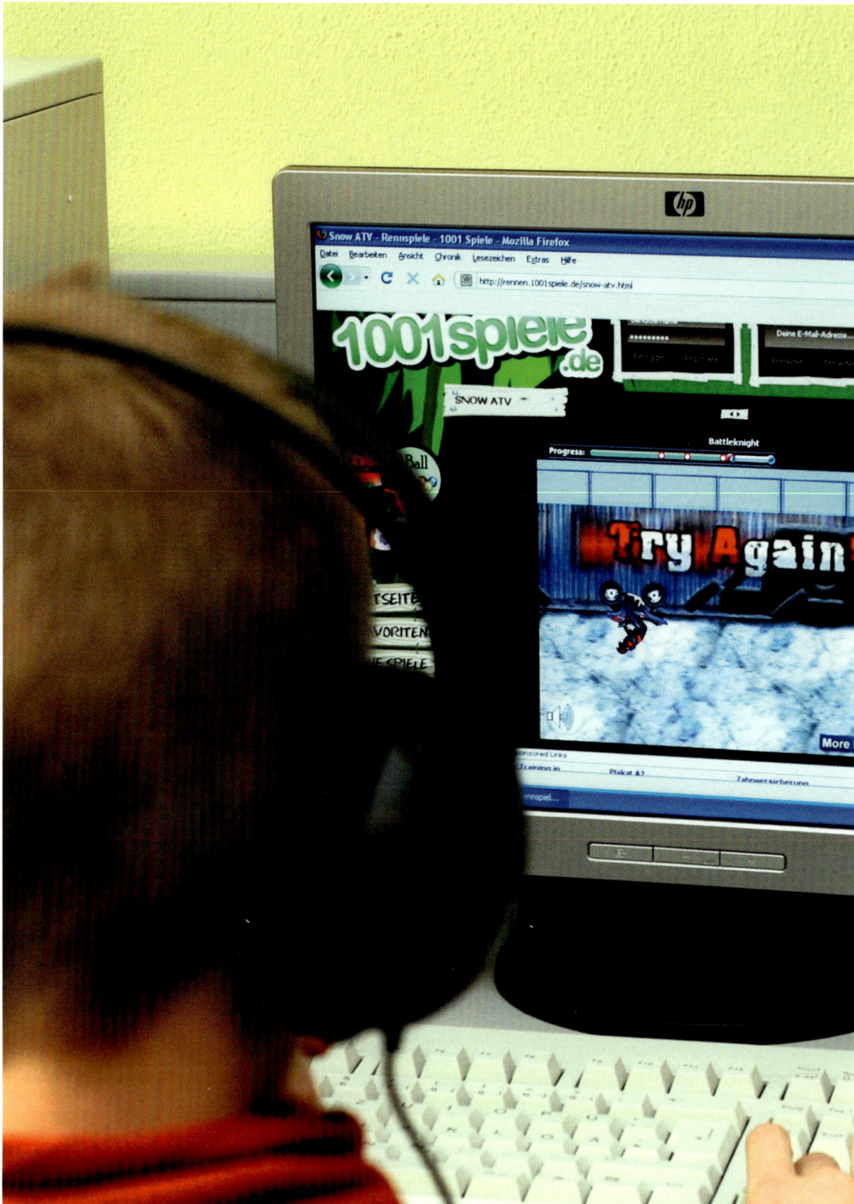
Snow ATV - Rennspiele - 1001 Spiele - Mozilla Firefox
Datei Bearbeiten Ansicht Chronik Lesezeichen Extras Hilfe
http://rennen.1001spiele.de/snow-atv.html
1001spiele.de
SNOW ATV
Battleknight
Progress:

9 KINDER UND COMPUTERSPIELE

Computerspiele sind aus der Lebenswelt von Kindern und Jugendlichen kaum mehr wegzudenken.

Die technischen Voraussetzungen zum Computerspielen sind bei den meisten Kindern bereits im Grundschulalter gegeben: In ihren Familien ist fast immer ein PC (meist mit Internetanschluss) vorhanden, in der Mehrheit auch eine Spielkonsole, ob nun tragbar oder stationär zum Anschließen an ein TV-Gerät; und schließlich können Kinder auch per Handy spielen.

Spielen ist im Grundschulalter die häufigste Tätigkeit am Computer und nimmt mit zunehmendem Alter der Kinder kontinuierlich mehr Zeit in Anspruch. Bei 14-Jährigen sind es im Durchschnitt bereits knapp 1,5 Stunden pro Tag. Wie bei kaum einem anderen Medium gibt es hier allerdings enorme Unterschiede zwischen Jungen und Mädchen, und dies nicht nur bezüglich der Nutzungsdauer: Jungen beschäftigen sich intensiver mit dem Computerspielen, es ist ihnen als Freizeittätigkeit und Gesprächsthema wichtiger und sie besitzen im Vergleich zu Mädchen auch häufiger entsprechende Geräte.

Unterschiede bestehen aber auch in den Vorlieben für bestimmte Spielarten beziehungsweise -genres: Besonderen Reiz auf Jungen üben Action- und Kampfspiele aus, während sich Mädchen mehr für gewaltfreiere Spiele und dabei speziell für Denk-, Geschicklichkeits- oder Strategiespiele begeistern.

9.1 Verschiedene Arten von Computerspielen

Die im folgenden Kasten vorgenommene Einteilung in Computerspielarten beziehungsweise -genres soll Ihnen eine erste Orientierung ermöglichen (genauere Informationen hierzu finden Sie bei www1.fh-koeln.de/spielraum).

Spielearten und -genres sowie ihre jeweiligen Spielanforderungen (grober Überblick)

- **Denkspiele**: Lösen kniffliger Rätsel oder Aufgaben, meist ohne Zeitdruck, unter anderem durch Steuern von Spielelementen, ähnlich Brettspielen
- **Reaktions- und Geschicklichkeitsspiele** wie „Jump'n'Run-Spiele" oder Sportspiele
- **Actionspiele**: zum Beispiel Prügelspiele („Beat'em Ups"), bei denen Kampftechniken wie Boxen oder Karate eingesetzt werden, und sogenannte „Ego-Shooter", bei denen der Spieler selbst, also nicht per Steuerung einer Spielfigur, zum Beispiel auf Monster oder menschenähnliche Gegner zielt
- **Strategiespiele**: zum Beispiel Wirtschafts- und Aufbau-Simulationen sowie Kriegsspiele; taktisches und vernetztes Denken ist gefragt unter anderem beim Aufbau oder bei der Eroberung von Ressourcen, wie Wasser, Getreide oder Gebäude, und bei logistischen Aufgaben
- **Abenteuerspiele** („Adventures"): (Helden-)Geschichten, bei denen die Spielfigur Rätsel lösen und Prüfungen („Quests") bestehen muss
- **Online-Rollenspiele**: teilweise ähnlich den „Adventures". Hauptziel: Weiterentwicklung der eigenen Spielfigur beziehungsweise Rolle sowie der Spielwelt; letztere existiert und verändert sich, auch während

man nicht im Spiel ist. Anders als bei sonstigen Genres häufig kein festgelegtes Spielende. Entsprechend der großen Anzahl an Spielern (zum Teil mehrere hundert), die gleichzeitig am Spiel beteiligt sind, Bezeichnung dieser Spiele auch als Massively Multiplayer Online Role Playing Games (MMORPG; am bekanntesten „World of Warcraft")

Einzelspieler-Modus versus Mehrspieler-Modus: Unterscheidung danach, ob man ein Spiel nur alleine machen kann oder aber mit anderen gemeinsam beziehungsweise gegen andere spielt, sei es per Internet oder vor Ort durch Anschluss mehrerer Steuergeräte (zum Beispiel bei Spielkonsolen) oder durch Verbindung mehrerer PCs zu einem Netzwerk (im letzteren Fall spricht man auch von LAN-Party)

Spiele, bei denen Kommunikation mit anderen möglich ist:
Bei Online-Rollenspielen, aber auch bei strategischen „Shootern", besteht meist die Möglichkeit, während des Spielens – per Chat oder Voice-over-IP über ein „Headset" – miteinander zu kommunizieren. Insofern sind dann auch Teamfähigkeit und aufeinander abgestimmtes Handeln gefordert

9.2 Was macht das Computerspielen für Kinder so attraktiv?

„Computerspielen ist toll"

Computerspiele sind für Kinder hoch attraktiv, nicht zuletzt weil sie es ermöglichen, ein breites Spektrum alltäglicher Anliegen wie auch durchaus wichtiger Bedürfnisse zu befriedigen. Dabei geht es nicht nur um Zeitvertreib und das Erleben von Spaß und Spannung mit einer enormen Erlebnisintensität (zum Beispiel durch realistische 3D-Grafiken und -Animationen), wie sie im realen Leben nur schwer zu erreichen ist. Vielmehr kann das Computerspielen gerade im Kindes- und Jugendalter auch zur Umsetzung spezifischer Anliegen und Motive dienen, die mit der Bewältigung von Entwicklungsaufgaben verbunden sind.

Wie sehr bestimmte Merkmale von Computerspielen den elementaren Bedürfnissen gerade bei Heranwachsenden entgegenkommen, wird an folgenden Beispielen deutlich:

- Mit zunehmendem Alter möchten Kinder selbstständiger handeln, selbst etwas bestimmen beziehungsweise entscheiden können und dabei auch Kontrolle über Ereignisse und Situationen gewinnen. Dafür bieten Computerspiele hervorragende Möglichkeiten: Hier können Kinder Aufgaben selbst wählen und beliebig wiederholen, Einfluss auf das Spielgeschehen ausüben und somit Kontrolle über Verlauf und Ergebnisse von Handlungen gewinnen.

- Kindern ist es wichtig, ihre Möglichkeiten und Grenzen auszuloten. Sie versuchen, neue Handlungsweisen, Strategien und Rollen zu erproben, ihre Neugier zu befriedigen und somit ihren Handlungsspielraum und Erfahrungshorizont zu erweitern. In Computerspielen können sie solche Bedürfnisse umsetzen: Ohne Risiko können sie hier andere Welten entdecken, sich in fremden Sphären bewegen (zum Beispiel im Weltall umherfliegen) und in Rollen schlüpfen sowie Aktionen ausführen, die sie im realen Leben nicht wagen würden beziehungsweise die ihnen dort unmöglich oder verboten wären. Während in der realen Welt für sie noch vieles schwierig und ängstigend ist, können sie im Spiel Rätsel lösen, Mutproben oder Prüfungen bestehen und gefahrlos in Fantasiewelten furchterregende Gestalten besiegen.

- Gerade bei Heranwachsenden ist das Bedürfnis ausgeprägt, sich im Wettbewerb mit anderen zu messen und Erfolg zu haben. Sie suchen Aufmerksamkeit und Anerkennung, möchten mitreden können, wichtig und einflussreich sein und Verantwortung übernehmen, um damit auch ihren Selbstwert und Status positiv zu definieren oder zu verbessern. Ebenfalls liegt Kindern und Jugendlichen daran, soziale Beziehungen aufzubauen, von anderen, besser als etwa von den Eltern, verstanden zu werden und ein Gefühl von Gemeinschaft und Zugehörigkeit zu erreichen.

- Inwiefern Computerspiele solchen Bedürfnissen entgegenkommen, liegt auf der Hand: Wettbewerb und Erfolg gehören oft ohnehin zum Sinn der Spiele. Dabei erscheinen Erfolge leicht steuerbar, indem Aufgaben und Schwierigkeitsgrade passend zu den eigenen Fähigkeiten gewählt werden können und Fortschritte sich sofort feststellen lassen. Zudem kann man sich bei vielen Spielen als Teil einer Gemeinschaft – bei Online-Rollenspielen zum Beispiel einer „Gilde" – fühlen, Kontakte knüpfen und sich austauschen.

- Kinder lieben es, auf Ereignisse vorbereitet zu sein und sich an klaren Vorstellungen und Vorgaben orientieren zu können. Mit zunehmendem Alter sind Zukunftsziele und -wege zudem ein wichtiges Thema. Während sie im Alltag Sicherheit und Verlässlichkeit sowie Klarheit ihrer Zukunft oft vermissen, gibt es in Computerspielen dagegen klare Regeln, Strukturen und Ziele sowie eindeutige Schritte zur Zielerreichung. Trotz aller Vielfalt an möglichen Strategien und Handlungen erscheint die virtuelle Welt strukturierter und beherrschbarer als die reale und vermittelt den Eindruck von Sicherheit. Und auch wenn im Spiel weder Verlauf und Dauer noch der Ausgang vorhersehbar sind, so können Kinder daran üben, mit Unvorhersehbarem zurechtzukommen.

- Insbesondere ältere Kinder beziehungsweise Jugendliche erleben ihren Alltag, zum Beispiel mit Blick auf Schule und Elternhaus, häufig als konfliktreich und problembeladen. Entsprechend oft liegt ihnen daran, Ärger abzureagieren, ihre Stimmung aufzubessern, Probleme zu verdrängen und sich abzulenken oder auch aus diesem Alltag innerlich zu flüchten. Und wieder kann Computerspielen hier ausgesprochen hilfreich erscheinen: Man kann im Spiel völlig aufgehen und dabei in einen mit Glücksgefühlen einhergehenden Zustand, einen „Flow", gelangen, indem man das Hier und Jetzt völlig ausblendet und vorübergehend alles um sich herum, einschließlich der Probleme, verdrängen beziehungsweise vergessen kann. Solche Möglichkeiten bestehen insbesondere bei MMORPGs wie „World of Warcraft" (siehe Kapitel 9.1), die besonders dazu angetan sind, den Alltag auszublenden: Bei diesen Spielen wird in hohem Maße Spannung und Erregung erzeugt, da man hier gegen reale und damit wenig berechenbare Mitspieler antritt und die Abstimmung im eigenen Team zudem hohes Engagement verlangt.

9.3 Chancen und Risiken des Computerspielens

Computerspielen kann sehr positive Wirkungen haben, ebenso aber auch höchst bedenkliche. Dies hängt nicht zuletzt vom jeweiligen Spiel, der Spielintensität und den damit verbundenen Erfahrungen ab, aber auch von den Voraussetzungen des jeweiligen Kindes.

Sowohl für positive als auch für negative Wirkungen gilt: Eine nachhaltige Wirksamkeit wird dadurch begünstigt, dass die Spiele „Lernvoraussetzungen" bieten, wie man sie für das schulische Lernen als geradezu ideal ansehen würde: auf die Fähigkeiten des Kindes abzustimmende Anforderungen, aktives Handeln mit einem hohen Grad an Selbstbestimmung und Erlebnisintensität, direkte Rückmeldung und die Möglichkeit, Handlungen zu wiederholen und eigene Fortschritte zu erleben.

Neben der oben erläuterten Tatsache, dass Computerspiele Kindern die Befriedigung elementarer Bedürfnisse ermöglichen, besteht eine nicht zu unterschätzende **Chance** darin, Kompetenzen zu erwerben, die auch für Schule und Beruf wichtig sind: nicht nur für den Umgang mit Computern, sondern auch etwa für zielorientiertes Handeln, strategisches Denken, Reaktionsschnelligkeit und flexibles Problemlösen, für Teamarbeit und Kommunikation. Positive Folgen können sich zudem mit Blick auf Konzentrationsfähigkeit, Ausdauer und Geduld, räumliches Vorstellungsvermögen und Stressbelastbarkeit ergeben.

Leider sind mit Computerspielen jedoch auch **Risiken** verbunden:

- Häufiges Computerspielen kann Kinder in ihrer moralischen und sozialen Entwicklung beeinträchtigen. Dies gilt etwa für Spiele mit rechtsextremen oder Gewaltinhalten, wobei letztere, zum Beispiel Ego-Shooter, im Vordergrund der öffentlichen Diskussion stehen.

- Angesichts der besonderen Möglichkeiten zur Befriedigung von Bedürfnissen kann intensives Computerspielen langfristig dazu führen, dass Alltagsprobleme und Realität zunehmend ausgeblendet werden und Heranwachsende – etwa mit Blick auf Schulleistungen oder vom Spielen unabhängige Freizeitgestaltung – weniger um Erfolg und Zufriedenheit bemüht sind.

- Vor demselben Hintergrund können sich, besonders bei Aufbaustrategie-Spielen oder Online-Rollenspielen, auch Risiken ergeben, die als Folgen übermäßigen oder gar süchtigen Computerspielens anzusehen sind (siehe Kapitel 6).

- Eine ganz andere Art von Risiken liegt in potenziellen Gesundheitsschäden, etwa durch häufige Übererregung beziehungsweise Stress oder angespannte Haltung bei langwierigem Spielen.

- Da Computerspiele gern kopiert und getauscht werden, sind schließlich auch rechtliche Risiken zu bedenken (hierzu Kapitel 16).

9.4 Was können Eltern tun?

Ab wann Ihr Kind computerspielen darf, hängt insbesondere von seinen Kompetenzen ab, aber auch von den zur Wahl stehenden Spielen.

Auswählen geeigneter Spiele

Viele Games sind bereits für jüngere Kinder geeignet und inhaltlich unbedenklich – Brettspielumsetzung, Geschicklichkeitsspiele, Konzentrations- und Konstruktionsspiele, Sportspiele, Lernspiele.

Bei der Auswahl sollte man zudem den Zeitaufwand für das Erreichen von Zwischenzielen und einzelnen „Levels" berücksichtigen und darauf achten, ob sich der jeweilige Spielstand abspeichern lässt.

Notwendig ist es auch, die Alterskennzeichnung der „Unterhaltungssoftware Selbstkontrolle" (USK) auf der Verpackung zu beachten (siehe Kapitel 5.1 und usk.de).

Weitere Kriterien zur Auswahl von Computerspielen sowie Datenbanken mit pädagogischen Bewertungen und Empfehlungen zu einzelnen Spielen finden Sie bei www.spielbar.de und www.spieleratgeber-nrw.de, bei der BPjM (Nr. 5 im Anhang) und bei Internet-ABC (Nr. 8).

Reglementierung, Gespräch und gemeinsames Spiel

Da zumindest ältere Kinder vielfältige Möglichkeiten haben, an altersungeeignete oder gar verbotene Spiele zu gelangen, ist es ratsam, hierauf ein Auge zu haben und sich regelmäßig einen Überblick über die genutzte Software zu verschaffen (zu Altersfreigabe und Indizierung Kapitel 5.1 und 16).

Um wenigstens zu Hause zu verhindern, dass Kinder Computerspiele spielen, die für sie ungeeignet oder verboten sind, können technische Vorkehrungen hilfreich sein: die Einschränkung von Installationsrechten auf dem Computer oder gegebenenfalls die Einrichtung einer Kinder- und Jugendsperre bei Computern beziehungsweise Spielkonsolen.

Bei der technischen Regulation allein sollte es aber keinesfalls bleiben! Vielmehr gilt es Regeln festzulegen (auch für Nutzungszeiten und -dauer) und aufklärende Gespräche zu führen.

Aber auch das zuweilen gemeinsame Spielen ist ein guter Weg: Hierdurch können Sie sich ein Bild vom jeweiligen Spiel inklusive Anforderungen und Ablauf machen und nachvollziehen, was das Kind daran fasziniert und wie sich das Computerspielen bei ihm auswirkt. Und schließlich bietet Ihnen gemeinsames Spielen eine Grundlage, um die Vereinbarung von Regeln auch auf die Spiele abzustimmen: Zeitliche Reglementierung, bei manchen Spielgenres auch Pausen, sind zwar vonnöten, dennoch sollten starre Zeitlimits für die tägliche Nutzungsdauer oder gar ein rigoroser Spielabbruch vermieden werden. Ansonsten könnte das Kind nicht nur „lernen“, dass Zeitbegrenzungen frustrierend sind, sondern Sie würden ihm damit auch eine Möglichkeit nehmen zu lernen, seine Spieldauer selbst unter Kontrolle zu haben (für weitere Handlungsmöglichkeiten siehe Kapitel 4.3 und 6).

Über Jugendschutzeinstellungen für Spielkonsolen oder PCs können Sie sich kundig machen in der Broschüre „Richtig Spielen!“ (erhältlich bei www.game-bundesverband.de).
Weitere Informationen und Tipps zum Thema Computerspiele finden Sie unter anderem in Broschüren und Online-Angeboten der BPjM (Nr. 5 im Anhang) sowie bei „Schau Hin!“ (Nr. 15).

10 DAS INTERNET ALS BESTANDTEIL DER MEDIENWELT VON KINDERN

Mit zunehmendem Alter der Kinder gehört das Internet zu ihrem normalen Medienalltag. Angesichts der vielfältigen Angebote und Einsatzmöglichkeiten ist dies leicht nachvollziehbar.

10.1 Besonderheiten des Internets

Das Internet weist einige Besonderheiten auf, die von Bedeutung sind sowohl mit Blick auf Chancen, die sich dadurch eröffnen, als auch auf die mit der Internetnutzung verbundenen Risiken:

- Mittels Suchmaschinen findet man schnell zu den unterschiedlichsten Themen passende Websites, sei es zu Informations- oder Unterhaltungszwecken. Ähnliches gilt etwa für Foren.

- Nicht zu vergessen ist die Möglichkeit, Medieninhalte aus Fernsehen, Radio oder Zeitungen im Internet zu nutzen oder Onlinespiele zu spielen.

- Mittels Sharehosterdiensten oder Tauschbörsen können aber auch Filme, Musik, Fotos, Computerprogramme oder Spiele abgelegt, anderen zugänglich gemacht oder getauscht werden.

- Gerade für Kinder und Jugendliche ist es hoch attraktiv, mit Freunden oder Gleichgesinnten zeitgleich zu kommunizieren. Dabei ist das Chatten, das auf speziellen Internetseiten oder per Instant Messenger möglich ist, am beliebtesten.

- Während der E-Mail-Verkehr bei Heranwachsenden zunehmend rückläufig ist, geht bei ihnen der Trend immer mehr hin zur Nutzung des Internets als „Mitmach-Netz“, oft als Web 2.0 bezeichnet. Selbst aktiv beteiligt und Teil der Internetgemeinde sein ist hierbei das Motto, das gerade Kinder ab etwa 12 Jahren begeistert.

- In Foren, sozialen Netzwerken (zum Beispiel schülerVZ) oder auf Blogs (einfach zu handhabende Websites in der Art eines Tagebuchs) kann man etwa sein eigenes „Profil“, zum Beispiel Hobbys und Freundeskreis präsentieren und Inhalte unterschiedlicher Form (beispielsweise Texte, Bilder, Videos) veröffentlichen beziehungsweise austauschen.

Diese Vielfalt an Angeboten und Einsatzmöglichkeiten, die weltweite Vernetzung sowie die Aktualität der im Netz verfügbaren Informationen gehören zu besonderen Kennzeichen des Internets.

Hinzu kommt, dass sich hier im Prinzip jeder (durch Präsentation eigener Inhalte im Netz wie auch durch Zuwendung zu Inhalten anderer) beteiligen kann und man hier schnell und zeitgleich mit vielen Personen in Kontakt treten kann.

Ein Kennzeichen ist allerdings auch, dass Internetinhalte weniger kontrollierbar sind als bei anderen Medien.

Und schließlich bedeutet die Internetnutzung im Gegensatz etwa zum Fernsehen, dass man nicht „einfach einschalten“ kann, sondern selbst aktiv werden und sich im Netz zurechtfinden muss.

10.2 Mit dem Internet verbundene Chancen für Kinder

Mit der oben angedeuteten Vielfalt an Möglichkeiten bietet das Internet heutigen Kindern und Jugendlichen enorme Chancen. Dies gilt zum einen für die Bewältigung von Anforderungen, vor die sie im Alltag gestellt sind (zum Beispiel Schulaufgaben), wie auch mit Blick auf ihre altersspezifischen Interessen und

Bedürfnisse. Zum anderen eröffnet das Internet ihnen aber auch Möglichkeiten, ihre Zukunftschancen zu erweitern, indem es Wissen und Bildung vermitteln und dem Erwerb verschiedenster berufsrelevanter Kompetenzen dienen kann.

Allerdings liegt es auf der Hand, dass solche Chancen nur dann umgesetzt beziehungsweise genutzt werden können, wenn den Heranwachsenden die für die Internetnutzung erforderlichen Kompetenzen zuvor vermittelt wurden, beispielsweise Kompetenzen für die technische Handhabung, die Kommunikation mit anderen und nicht zuletzt für die Auswahl und Bewertung von Inhalten. Insofern ergibt sich hieraus ein spezifischer Bedarf für Medienerziehung.

10.3 Mit dem Internet verbundene Gefahren für Kinder

Ein spezifischer Bedarf für Medienerziehung ergibt sich auch angesichts der mit dem Internet verbundenen Gefahren. Welches Risiko im Einzelnen für Kinder besteht, hängt – neben dem jeweils genutzten Angebot – nicht zuletzt davon ab, welche Rolle der Nutzer dabei einnimmt: ob er „Empfänger“ oder aber „Absender“ von Medieninhalten ist oder sich an gemeinsamen Aktionen interaktiv beteiligt (zu diesen Rollen und den damit verbundenen Risiken siehe bereits weiter vorne Kapitel 3.4).

Risiken als „Empfänger“ von Inhalten aus dem Internet. Ein generelles Risiko ergibt sich für viele Kinder, aber auch für Jugendliche, da sie Webinhalten oft vorschnell vertrauen, während eigentlich Skepsis angebracht wäre, denn: Inhalte können von jedem, auch von Nicht-Experten, ins Netz gestellt werden, und nur die wenigsten Inhalte werden einer Qualitätsprüfung unterzogen. Hinzu kommt, dass es für Kinder oft noch nicht zu durchschauen ist, wenn „Anbieter“ von Webinhalten spezielle Interessen verfolgen (zum Beispiel politische oder kommerzielle) oder gar unlautere Absichten (etwa durch irreführende Werbung). Und schließlich sind viele Internetinhalte auch mit Blick auf ihren Wahrheitsgehalt fragwürdig.

Insgesamt können Kinder somit in ihren Ansichten und Vorstellungen in einer unerwünschten Weise beeinflusst werden oder auch Fehlinformationen und Gerüchten aufsitzen.

Weitere Risiken gehen von speziellen Inhalten aus, auf die Kinder im Internet – gewollt oder ungewollt – auf vielfältige Weise stoßen können, beispielsweise beim Surfen, in Chats oder Foren: Dabei kann es sich etwa um Pornografie-Seiten, um Gewaltvideos oder um rechtsextreme Äußerungen im Chat handeln, also um Inhalte, die Kinder oft noch nicht angemessen verarbeiten beziehungsweise verkraften können. Mit einem mindestens ebenso großen Risiko muss man zum Beispiel bei solchen Foren rechnen, in denen Rassismus, Magersucht oder Suizid verherrlicht werden. Hierdurch können Kinder nicht nur in ihren Idealen beeinflusst, sondern auch verunsichert oder gar zu ent-sprechenden Taten angestiftet werden.

Bedenklich ist es ebenfalls, wenn Kinder durch Inhalte im Internet Zeuge werden, wie andere beleidigt, bloßgestellt, sexuell belästigt oder bedroht werden.

Es kann aber auch passieren, dass sie selbst zum Opfer etwa von Cybermobbing werden – im Chat, per Instant Messenger oder E-Mail. Während sich die Täter dabei die Anonymität des Internets zunutze machen und meist unerkannt bleiben, können die betroffenen Kinder gegebenenfalls unter gravierenden psychischen Konsequenzen leiden.

Die Anonymität des Internets nutzen auch Pädophile bei ihren sexuellen Anbahnungsversuchen, indem sie sich im Chat als Kinder ausgeben, sich so das Vertrauen erschleichen, um dann zu virtuellem Sex aufzufordern oder sogar ein reales Treffen zu vereinbaren. Kontakte zu Fremden im Internet können also schnell problematisch werden.

Risiken als „Absender" von Inhalten im Internet. Mit der „Absender"-Rolle verbundene Risiken ergeben sich zunächst durch die sorglose Preisgabe von nicht nur eigenen Kontaktdaten wie Name, Adresse des Wohnorts, E-Mailadresse, Telefonnummer und von weiteren persönlichen Details etwa auf eigenen Blogs, in sozialen Netzwerken oder im Chat. Was hier alles verbreitet wird, reicht von Auskünften über Hobbys, Freundeskreis oder aktuelle Gefühlslagen, bis hin zu Partybildern und freizügigen Fotos, mit denen sich Heranwachsende gegenseitig übertrumpfen wollen.

Man kann mitunter auch erfahren, wer sich wo an welchem Tag aufhält. Hierdurch werden Tor und Tür geöffnet für die Kontaktaufnahme vonseiten Pädophiler ebenso wie für Mobbing und Erpressung.

Die sorglose Preisgabe von Informationen über die eigene Person ist aber auch insofern riskant, als sich Arbeitgeber anhand dessen einen Eindruck von Bewerbern verschaffen können.

Problematisch ist zudem, wenn Kinder ihren minderjährigen Freunden bedenkliche Inhalte per Internet zukommen lassen (zum Beispiel Porno-Videos) oder sich daran beteiligen, andere Kinder oder etwa Lehrer zu beleidigen, zu mobben oder bloßzustellen (letzteres kann gegebenenfalls zu einem Schulverweis führen). Hier sind sich die Kinder der Folgen nicht immer in vollem Maße bewusst.

Dies gilt auch für das unbedachte Weiterleiten von Kettenbriefen oder gefälschten Virenmeldungen, sogenannte „Hoax“, die zum Teil selbst Viren enthalten.

Datenschutzprobleme und Sicherheitsrisiken. Neben der Tatsache, dass man im Internet auf verschiedenste Weise, etwa durch sogenannte „Cookies“, zum „Gläsernen Bürger“ werden kann, betrifft ein weiteres Risiko den mangelnden Schutz vor Schadsoftware. Dieses Sicherheitsrisiko kann auch durch das eigene Nutzungsverhalten entstehen, wie etwa Downloads aus Tauschbörsen, wodurch man sich gegebenenfalls Schadsoftware wie Viren oder „Spionage-Programme“ einfängt (siehe Kapitel 8).

Mit der Internetnutzung können zudem **finanzielle und rechtliche Risiken** verbunden sein (siehe hierzu Kapitel 15 und 16). Und schließlich ist auch an spezielle Probleme zu denken, die sich durch exzessive Internetnutzung ergeben können (hierzu Kapitel 6).

10.4 Was ist in der Medienerziehung angesagt?

Gerade mit Blick auf die vielseitigen Chancen, die das Internet Kindern eröffnet, und die mit der Internetnutzung verbundenen Risiken ergibt sich eine besondere Notwendigkeit für Medienerziehung in der Familie.

Anleitung und Hilfestellung

Anfangs geht es dabei vor allem darum, dem Kind anhand gemeinsamer Internetnutzung, zum Beispiel beim Surfen, eine Art „Bedienungsanleitung" zu geben: ihm also zu zeigen und zu erklären, wie es ins Internet kommt, welche Anwendungen für das Kind möglich und sinnvoll sind und welche nicht, wie man dabei vorgeht, beispielsweise wie Suchmaschinen und Browser funktionieren, wie man mit Links umgehen oder Bookmarks setzen kann, und wie man sich im Internet zurechtfindet.

In welchem Ausmaß eine solche Anleitung nötig ist und bis zu welchem Alter die Begleitung fortgesetzt werden sollte, hängt davon ab, was Sie ihrem Kind (schon) zutrauen, aber natürlich auch davon, um welche Art Internetanwendung es jeweils geht.

In jedem Fall ist es bei einem Kind in den ersten Grundschuljahren erforderlich, auch nach den anfänglichen Anleitungen und Anweisungen noch in Reichweite zu sein, um das Kind im Auge zu haben und ihm Hilfestellungen zu geben.

Befähigung der Kinder zur Bewertung und sinnvollen Auswahl

Bei gemeinsamer Internetnutzung und damit verbundenen Gesprächen können Sie gleichzeitig ihrem Kind beibringen, einzelne Angebote beziehungsweise Inhalte anhand von Kriterien zu bewerten und sinnvoll auszuwählen. So lernt es zu beurteilen, ob die Nutzung bestimmter Anwendungen oder Inhalte dem jeweiligen Anliegen dienlich ist oder ob es gegebenenfalls zweckmäßigere Alternativen innerhalb oder außerhalb des Internets gibt. Besonders wichtig ist dabei, dass Sie ihrem Kind vermitteln, nach welchen Gesichtspunkten Inhalte etwa aus Websites, Foren oder E-Mails zu bewerten sind. Aus den weiter oben genannten Gründen sollte hier der Wahrheitsgehalt als Kriterium eine besondere Rolle spielen, ansonsten könnte es zum Beispiel passieren, dass das Kind einem Gerücht aus einem Chat aufsitzt oder für die Schularbeit falsche Informationen verwendet.

Wenn Sie anfangs gemeinsam ins Internet gehen, wählen Sie sicher für das Kind besonders geeignete und interessante Angebote aus. Sobald Sie ihm mehr Eigenständigkeit zutrauen, können Sie ihm entsprechende Angebote aber auch vorschlagen beziehungsweise durch Einrichten im Computer verfügbar machen und dazu erklären, warum Sie diese empfehlen. Hinweise auf kindgerechte Angebote finden Sie im Kasten am Ende dieses Kapitels.

Je älter das Kind wird, desto besser wird es dann auch eigene Bewertungen vornehmen und selbst Angebote oder einzelne Seiten auswählen können. Ohne Aufklärung über mögliche Gefahren (siehe oben) wird es dabei aber nicht umsichtig genug vorgehen können.

Schrittweise Aufklärung über Risiken

Ganz wichtig ist es deshalb sowohl für die Auswahl als auch für das gesamte Verhalten im Internet, Ihr Kind schrittweise über Risiken aufzuklären: Machen Sie ihm klar, dass Teilnehmer im Chat nicht die sein müssen, für die sie sich ausgeben, und somit ein gesundes Misstrauen angesagt ist. Erklären Sie ihm, dass und warum es riskant ist, im Internet etwas über sich preiszugeben oder Kontakte mit Fremden aufzunehmen.

Technische Vorkehrungen

Trotz aller Aufklärung ist jedoch zumindest bei jüngeren Kindern auch ein gewisses Ausmaß an Reglementierung und Steuerung erforderlich. Hierfür sollten Sie am besten zunächst einmal technische Vorkehrungen treffen.

Möglichkeiten für technische Vorkehrungen

- Grundsätzlich sollten Sie Ihrem Kind auf dem Computer ein eigenes Benutzerkonto nebst Passwort einrichten, um seine Zugangsrechte einzuschränken.

- Richten Sie Ihrem Kind auch eine E-Mail-Adresse ein, bei der sein wirklicher Name nicht erkennbar ist.

- Empfehlenswert ist es, Ihrem Kind einen geschützten Surfraum einzurichten, um sicherzustellen, dass es nur auf alters- beziehungsweise kindgerechten Seiten surft („Whitelist"). Sie können eine geeignete Startseite einrichten, von der aus es das Internet erkunden kann. Hierfür gibt es kostenlose Angebote (zum Beispiel „fragFINN", siehe Anhang Nr. 7; „Blinde Kuh", www.blinde-kuh.de), die gleichzeitig kindgerechte Suchmaschinen sind. Falls Ihr Kind aber (auch) sonstige Suchmaschinen nutzen darf, sollten dies nur solche sein, bei denen jugendgefährdende oder altersungeeignete Inhalte durch einen Filter weitestgehend ausgeschlossen werden.

- Die technische Absicherung des Surfraums kann auch über eine Kinderschutzsoftware vorgenommen werden, damit sich das Kind nur auf Webseiten bewegt, die in der „Whitelist" freigegeben wurden. Eine solche Software bietet zum Beispiel „fragFINN" an. Außerdem haben Eltern die Möglichkeit, über die „Whitelist" hinausgehende Seiten für ihr Kind freizuschalten oder einzelne Angebote der Liste zu sperren.

- Je nachdem, welche Formen der Kommunikation das Kind verwendet, zum Beispiel Chatten, Mailen oder Nutzen von Instant Messenger, sollten die benutzten Programme auf ihre Sicherheitseinstellungen überprüft werden. Zudem sollten Spamfilter für das E-Mail-Postfach aktiviert und Blocker zum Herausfiltern von Werbung installiert werden, zum Beispiel Ad- und Pop-up-Blocker.

Reglementierung und Vereinbarungen

Gerade angesichts der beim Internet besonders gravierenden Risiken ist es darüber hinaus auch nötig, dem Kind konkrete Regeln an die Hand zu geben, was es im Internet machen darf und was nicht. Dies ist umso notwendiger, je älter das Kind ist und je mehr es sich bereits im

Internet selbstbestimmt bewegen kann. Klar muss ihm sein, dass es Inhalte gibt, die gegen geltendes Recht verstoßen oder für Kinder nicht geeignet und deshalb tabu sind.

Außerdem sollten konkrete Vereinbarungen getroffen werden, und zwar nicht nur über die Nutzung oder eben Nicht-Nutzung bestimmter Anwendungen und Internetseiten. Vielmehr müssen sich Vereinbarungen auch auf das Verhalten anderen gegenüber im Cyberspace richten, auf den Umgang mit E-Mail-Anhängen von Fremden, bis hin zur Vorsicht vor Kostenfallen und bei der Preisgabe persönlicher Daten.

Für den Fall, dass Ihr Kind doch einmal auf bedenkliche Inhalte stößt, zum Beispiel pornografische, gewalthaltige oder rassistische Seiten, muss es wissen, wie es sich dann verhalten soll. Hierzu können Sie mit ihm zwar vereinbaren, dass es solche Seiten einfach wegklicken soll. Problematisch sind aber gerade die oftmals eingebauten Weiterleitungen beispielsweise zur nächsten Erotikseite, sodass Kinder den bedenklichen Inhalt nicht einfach durch einen Mausklick vom Monitor verschwinden lassen können. Daher ist es wichtig, das Kind darüber aufzuklären und ihm zu zeigen, wie man schnell aus dem Browser aussteigen kann und gegebenenfalls sicher zur Homepage zurückkehrt.

Auch bezüglich des zeitlichen Umfangs der Internetnutzung sind Reglementierung und Vereinbarungen notwendig, denn: Das Internet wird mit zunehmendem Alter immer mehr genutzt, und dies teilweise etliche Stunden am Tag. Deshalb sollten Sie mit Ihrem Kind individuelle Zeitlimits vereinbaren, damit es noch genügend Zeit und Energie für andere Dinge wie Hobbys oder Schule hat (zur übermäßigen Mediennutzung siehe Kapitel 6).

Eltern als Ansprechpartner

Insgesamt sollten Sie gerade mit Blick auf die Internetnutzung Ihrem Kind klar machen, dass es sich an Sie als Ansprechpartner wenden kann und es insbesondere dann auf Sie zukommen soll, wenn Probleme auftreten. Dies gilt etwa, wenn das Kind auf verwirrende, Angst einflößende oder verstörende Inhalte stößt, oder wenn es zu einem ihm ungeheuer erscheinenden Verhalten aufgefordert wird, oder auch einfach dann, wenn Fragen zur technischen Handhabung vorliegen.

Machen Sie Ihrem Kind aber auch klar, dass es sich in jedem Fall an Sie wenden soll, wenn es sich etwa mit einer Internetbekanntschaft treffen möchte oder von Cybermobbing betroffen ist. Dabei ist es für letzteren Fall ebenso wie zum Beispiel für sexuelle Belästigung wichtig, ihm deutlich zu machen, dass das Reden über derartige Probleme, auch wenn es dem Kind peinlich ist, absolut notwendig ist.

Weiterführende Informationen und Tipps finden Sie hier:

- Umfassende Aufklärung und Hilfestellungen zum Thema Internet sowie Empfehlungen für altersgerechte Angebote: bei Internet-ABC (siehe Anhang Nr. 8), sowie in der Broschüre „Ein Netz für Kinder" (auch als Extraheft für Kinder) des BMFSFJ (Nr. 4).
- Zu speziellen Themen: Portal www.chatten-ohne-risiko.net, sowie die Broschüren „Chatten ohne Risiko?", „Social Communities. Ein Leben im Verzeichnis", „Ich bin öffentlich ganz privat. Datenschutz und Persönlichkeitsrechte im Web" und „Was tun bei Cybermobbing" (erhältlich bei klicksafe, siehe Anhang Nr. 10).
- Falls Sie befürchten, Ihr Kind könnte Opfer von Beleidigungen, sexueller Belästigung, Abzocke, Mobbing oder ähnlichem sein, finden Sie professionelle Ansprechpartner unter Nr.3.
- Jugendgefährdende oder andere bedenkliche Inhalte im Internet können Sie bei jugendschutz.net melden (Nr. 9 im Anhang).

11 HANDYS IM MEDIENALLTAG VON KINDERN

Spätestens mit Beginn der Grundschulzeit steht das Thema Handy an: Unter den Sechs- bis Neunjährigen hat etwa ein Viertel der Kinder bereits ein eigenes Gerät, und viele wünschen sich dann ihr erstes Handy. Ab etwa zehn Jahren besitzt die Mehrheit ein Handy, ab etwa 12 Jahren gehört es quasi zur Grundausstattung eines Kindes.

Die Vielfalt von Anwendungsmöglichkeiten

Auch Handys von Kindern sind längst nicht mehr nur mobile Telefone (inklusive Mailbox sowie der Möglichkeit, Nummern und Adressen zu speichern) und Kommunikationsmittel zum Senden und Empfangen von SMS. Vielmehr kommt eine Vielfalt an weiteren Anwendungsmöglichkeiten hinzu: Mit den meisten Handys kann man fotografieren und oft auch Videos aufnehmen. Häufig besteht die Möglichkeit, Dateien wie Bilder, Videos, Musik oder Spiele per MMS oder Bluetooth zu senden, zu empfangen oder auf einen Computer zu übertragen. Mit vielen Handys kann man spielen, Radio hören oder sie als MP3-Player nutzen, mit manchen auch fernsehen. Sofern das Handy einen Internetzugang hat, erweitert sich dieses Spektrum an Nutzungsmöglichkeiten noch um ein Vielfaches (siehe Kapitel 10.1).

11.1 Per Handy umsetzbare Anliegen und Bedürfnisse von Kindern

Wenn auch in den ersten Grundschuljahren das Fernsehen noch das meistgenutzte Medium ist und das Handy erst später bei vielen den ersten Rang einnimmt, so gilt doch für Heranwachsende insgesamt, dass Handys für sie äußerst attraktiv sind. Diese Attraktivität verdanken Handys jedoch weniger ihrer Vielfalt an Funktionen, zumal Telefonieren und Senden beziehungsweise Empfangen von SMS nach wie vor im Vordergrund stehen. Vielmehr sind sie für Heranwachsende deswegen so attraktiv, weil sie die Umsetzung zahlreicher Anliegen und Bedürfnisse ermöglichen:

- Dies gilt zunächst einmal für die Tatsache, dass Kinder besonders großen Wert auf Kontakte mit Gleichaltrigen, aber auch mit den Eltern und auf Nähe, auf ihre Zugehörigkeit zu einer Gemeinschaft beziehungsweise Clique sowie auf den Austausch und Vergleich mit anderen legen. Solche Anliegen, die eng mit den für das Kindes- und Jugendalter typischen Entwicklungsaufgaben verbunden sind, können sie per Handy nahezu überall und jederzeit umsetzen.

- Handys ermöglichen Kindern ein hohes Maß an Spontaneität und mit ihr verbundener Flexibilität, Unabhängigkeit und Autonomie, woran gerade Heranwachsenden besonders gelegen ist: So lassen sich Verabredungen je nach eigener „Lust und Laune“ beziehungsweise Situation ganz spontan treffen beziehungsweise ändern, statt sich im Voraus festzulegen. Man kann sich spontan an andere wenden – sei es um seine Gefühle auszudrücken, Ärger abzureagieren, sich trösten, helfen oder von unterwegs abholen zu lassen. Umgekehrt kann das Kind selbst bestimmen, ob und für wen es erreichbar sein möchte (oder aber einer Auseinandersetzung oder elterlichen Kontrolle entgehen möchte). Und mit dem Handy kann es – anders als am Festnetztelefon – mit anderen mündlich oder per SMS kommunizieren, auch ohne dass Dritte, zum Beispiel die Eltern, es mitbekommen.

- Zugleich ermöglicht das Handy Kindern, ihr enormes Mitteilungsbedürfnis wie auch ihre Neugier zu befriedigen – auch wenn es nur darum gehen mag, anderen mitzuteilen, was sie gerade tun und wo sie sich aufhalten oder wen sie getroffen haben, oder aber um Ähnliches ihr Gegenüber zu fragen. Umgekehrt sind sie, indem sie ihr Handy häufig eingeschaltet lassen, für Freunde nahezu ständig erreichbar und können jederzeit am Leben anderer teilhaben.

- Allein ist man mit Handy also nicht, sondern kann es gut gebrauchen, wenn man sich einsam fühlt oder Langeweile hat. Und wenn man Spaß haben oder etwas Spannendes erleben möchte, kommen auch die vielen weiteren Nutzungsmöglichkeiten – etwa per Kamera, MMS oder auch im Internet – in Betracht.

- Nicht unwichtig sind schließlich Anliegen, die Heranwachsende mit dem Handy unabhängig von den eigentlichen Nutzungsfunktionen umsetzen können: Nicht nur der Besitz eines Handys oder bestimmten -modells gilt oft als Statussymbol. Vielmehr dienen ihnen beispielsweise auch ein besonderes Design oder ein spezieller Anhänger ebenso wie häufiges Auswechseln des Klingeltons oder Displays dazu, Aufmerksamkeit und Anerkennung zu gewinnen und gegebenenfalls im Wettbewerb mit Gleichaltrigen Einzigartigkeit auszudrücken beziehungsweise zu demonstrieren.

11.2 Risiken der Handynutzung

Mit der Handynutzung ergeben sich jedoch auch etliche Risiken. Dabei sind – ob nun mit oder ohne Internetzugang – prinzipiell ähnliche Risiken zu bedenken, wie sie auch für das Internet gelten. Da letztere bereits in Kapitel 10 erläutert wurden, gehen wir hier nur noch auf besondere Risiken speziell der Handynutzung ein.

Ein Großteil der Risiken hängt mit der Tatsache zusammen, dass Kinder ihr Handy ständig bei sich haben und griffbereit halten, sodass sie es oft auch schnell „einfach mal so" benutzen. So kann es zum einen leicht passieren, dass sie sich – zumindest in dem Moment – keine Gedanken machen über Kosten, die etwa bei MMS, Downloads von Klingeltönen, Telefonaten im Ausland oder der Nutzung spezieller Premium-Dienste entstehen können. Dies gilt auch für Verbindungen ins Internet, die zudem unbeabsichtigt und unbemerkt durch einen falschen Knopfdruck zustande kommen können.

Ebenso unbedacht können Kinder zum anderen auf vermeintliche Flirt-SMS, „Gewinnbenachrichtigungen" oder „Gratisangebote" reagieren, die zum Rückruf einer kostenpflichtigen Nummer animieren und somit Kostenfallen darstellen (hierzu Kapitel 15).

Ganz spontan können Kinder aber auch auf die Idee kommen, „eben mal schnell“ eine andere Person in einer peinlichen oder intimen Situation, zum Beispiel eine Klassenkameradin im Umkleideraum oder einen Lehrer in seiner Freizeit, zu fotografieren und ebenso schnell das Foto an die betroffene Person oder an Dritte weiterzuleiten – sei es nur zum Spaß oder um die Person bloßzustellen, zu diffamieren oder zu mobben, vielleicht auch um damit den eigenen Freunden zu imponieren. Tatsächlich ermöglicht das Handy verschiedene Varianten des Mobbing. Nicht zuletzt durch das permanent mögliche und einfache Versenden von SMS oder MMS kann man schnell mal andere Klassenkameraden mit einer Beleidigung, Beschimpfung oder Drohung attackieren, ohne die Konsequenzen zu bedenken (wobei es sich im Extremfall auch um rechtliche Folgen handeln kann; siehe hierzu Kapitel 16).

An solchen Aktionen einer problematischen Handynutzung, zu denen darüber hinaus auch das Herumzeigen, Tauschen oder Weiterleiten bedenklicher Inhalte (zum Beispiel Porno-Videos) per Handy gehören, beteiligen sich Kinder gerade dann, wenn sie auf diese Weise in einer Clique aufgenommen und anerkannt werden möchten oder ihre Position dort verbessern wollen.

Dies gilt häufig auch für eine mindestens ebenso problematische Nutzungsvariante: wenn nämlich Heranwachsende per Handy etwa eine Prügelei auf dem Schulhof filmen, die sie dann direkt an andere weiterleiten, sei es eine beobachtete oder nur zum Zweck der Aufzeichnung provozierte oder auch nur fingierte Szene; sogenanntes „Happy Slapping".

Bei solchen und weiteren Risiken ist nicht nur an die Rolle der Kinder als Akteure zu denken, sondern ebenso daran, dass sie Opfer von Belästigungen, Beleidigungen, Verleumdungen, Bedrohungen oder ähnlichem sein können – und zwar sowohl bei problematischen Aktionen seitens anderer Gleichaltriger als auch etwa bei kriminellen Aktivitäten Erwachsener, zum Beispiel Kontaktaufnahme durch Pädophile.

11.3 Was können Eltern tun?

Zur Vorbeugung von Risiken geben wir Ihnen im Folgenden einige Anregungen, wobei wir – ähnlich wie zuvor bei den möglichen Gefahren – allerdings darauf verzichten, die für die Internetnutzung bereits in Kapitel 10 gegebenen Tipps erneut aufzugreifen.

Informieren Sie sich und halten Sie sich auf dem Laufenden bezüglich

- der Funktionen heutiger Handys sowie der Eignung einzelner Modelle und Funktionen für Kinder (auch bezüglich Datenübertragung per Bluetooth oder Infrarot-Schnittstellen und der Möglichkeit, bestimmte Anwendungen zu sperren)
- der Frage, welche Provider unter Jugendschutz-Aspekten empfehlenswert sind (hierzu können Sie sich zum Beispiel bei der Freiwilligen Selbstkontrolle Multimedia unter www.fsm.de oder der Website jugend-und-handy.de kundig machen)

- der möglichen Vorteile einer Prepaid-Karte

Treffen Sie, falls nötig, technische Vorkehrungen in Form von

- Sperrung von Sondernummern, Premium-Diensten und Möglichkeiten der Bezahlung per Handy
- Einschränkung des Rufnummernkreises
- Deaktivierung der Internetfunktion, von GPRS und Bluetooth
- Sicherheitseinstellungen zum Schutz vor ungeeigneten oder gefährdenden Inhalten (zum Beispiel Sperrung der WAP-Portale für Inhalte ab 16 Jahren)

Klären Sie Ihr Kind auf über

- einen verantwortungsbewussten Umgang mit dem Handy
- Kosten (nicht nur bezüglich Telefonaten und SMS, Logos und Klingeltönen, sondern zum Beispiel auch über mögliche Kostenfallen)
- mögliche Gefahren der Handynutzung (zum Beispiel riskante Kontakte oder Konfrontation mit bedenklichen Inhalten wie Gewalt-Videos), aber auch darüber, weshalb Handyaktionen wie Mobbing oder „Happy Slapping“ zu unterlassen sind
- mögliche strafrechtliche Folgen
- die Tatsache, dass lautes Handyklingeln und Telefonieren in der Schule, im Kino oder an anderen Orten störend oder nicht erlaubt sind

Treffen Sie Vereinbarungen darüber,

- zu welchen Zeiten und an welchen Orten Ihr Kind das Handy benutzen darf und wann nicht (dazu gehören auch handyfreie Zeiten)
- wie hoch die anfallenden Kosten maximal sein dürfen und wie mit Überschreitung umgegangen wird, dass bei kostenträchtigen Angeboten wie Klingeltönen vorher die Eltern zu fragen sind und auf Kurznachrichten beziehungsweise Anrufen von Fremden nicht reagiert werden soll
- was bei Verlust des Handys zu tun ist, also sofort Bescheid sagen, damit man das Handy sperren lassen kann
- an wen die eigene Handynummer oder andere persönliche Daten weitergegeben werden dürfen und an wen nicht

Zögern Sie nicht, Ihre Befürchtungen offen auszusprechen

Falls Sie befürchten, Ihr Kind könnte Opfer von Beleidigungen, sexueller Belästigung, Abzocke, Mobbing oder ähnlichem sein, sprechen Sie es daraufhin an und lassen Sie sich gegebenenfalls beraten (professionelle Ansprechpartner hierzu finden Sie unter Nr. 3 im Anhang)

Weiterführende Informationen und Tipps finden Sie hier:

Eine umfassende Sammlung von Regeln, Tipps zu technischen Vorkehrungen und Kriterien für den Handykauf sowie weiterführende Informationen zu Risiken der Handynutzung finden Sie in den Broschüren „Jugendliche und Handys. Ein geniales Gerät?“ (als Download bei www.jugendamt.nuernberg.de) und „Handy ohne Risiko?“ (im Angebot des BMFSFJ, siehe Anhang Nr. 4). Empfehlenswert ist auch das Portal www.handysektor.de. sowie die dort erhältliche Broschüre „Gewalt auf Handys“.

SPEZIELLE PROBLEMFELDER

Einige Probleme stellen sich bei fast allen in den vorigen Kapiteln behandelten Medien im Hinblick auf bestimmte Inhalte und Anwendungen: Gewalt (siehe Kapitel 12) und Werbung (Kapitel 14) gibt es in vielen Medien, und auch die mit den verschiedensten Medien von Kindern und Jugendlichen gehörte Musik (Kapitel 13) ist keineswegs nur unproblematisch.

Darüber hinaus sind bei der Nutzung mancher Medien zwei spezielle Arten von Gefahren zu beachten: mögliche Kostenfallen (siehe Kapitel 15) und rechtliche Probleme (Kapitel 16).

Auf solche Problemfelder gehen wir in den nachfolgenden Kapiteln ein und geben Ihnen jeweils entsprechende Anregungen und Hilfestellungen.

Y
X
B
A
SELECT
START
POWER

12 GEWALTHALTIGE MEDIEN

Bei diesem Thema denkt man vielleicht zuerst an Kriminal-, Action- oder Horrorfilme. Dass Gewalt aber in vielen Medien eine Rolle spielt und es sich dabei um verschiedenste Arten von Gewalt handelt, macht man sich kaum bewusst.

12.1 Die Bandbreite von Gewaltinhalten in den Medien

Auch für die Medienerziehung ist wichtig zu bedenken, dass es keineswegs nur um das Anschauen brutaler Filme geht. Vielmehr werden wir mit Gewalt im Fernsehen auch in den Nachrichten, bei Fußballspielen oder bei aggressiven Umgangsweisen zwischen Gästen einer Talkshow konfrontiert. Gewalt ist Bestandteil vieler Zeichentrickfilme und Computerspiele. Im Internet stößt man auf Bilder von Gewaltopfern. Es kann einem per Internet aber auch Gewalt angetan werden, wenn man etwa in Foren von anderen beleidigt wird – sogenanntes „Flaming“. Und per Handy kann man Videos etwa von Schulhofprügeleien verschicken oder sich anschauen.

Die Bandbreite von Gewaltinhalten reicht von realer Gewalt etwa in Nachrichten, über sehr realistisch dargestellte Gewalt zum Beispiel in Computerspielen, bis hin zu einer realitätsfernen Darstellung zum Beispiel in Zeichentrickfilmen. Unabhängig davon kann es sich um körperliche Gewalt – etwa in Mord- oder Prügelszenen – ebenso handeln wie um verbale Äußerungen (zum Beispiel Beschimpfung, Beleidigung) oder um psychische Gewalt, mit der anderen Angst gemacht wird beziehungsweise sie erpresst oder unterdrückt werden.

12.2 Wirkungsrisiken gewalthaltiger Medien

Wenn wir von Wirkungen gewalthaltiger Medien sprechen, so meinen wir damit nicht solche Wirkungen, die sich ergeben können, wenn Kinder per Medien entweder anderen Gewalt antun oder selbst zum Opfer werden (zum Beispiel beim Cybermobbing). Stattdessen geht es uns hier um Wirkungen von Gewaltdarstellungen etwa im Fernsehen, sowie um Wirkungen auf Kinder als Akteure, wenn sie selbst – zum Beispiel mit ihrer Spielfigur eines Angreifers – Gewalt in einem Computerspiel aktiv ausüben.

Unter möglichen Wirkungsrisiken werden potenzielle Nachahmungseffekte, vor allem gewalthaltiger Computerspiele und Filme, am häufigsten problematisiert. Tatsächlich muss man jedoch mindestens ebenso an weitere mögliche Wirkungen wie die Beeinflussung von Gefühlen oder Ansichten denken:

Insbesondere jüngere Kinder reagieren auf Gewaltdarstellungen oft mit Angst. Auch bei älteren Kindern besteht zudem längerfristig die Gefahr, dass eine zunehmende Gewöhnung und Abstumpfung gegenüber Gewalt entsteht und sie immer weniger Mitgefühl gegenüber Opfern aufbringen, wenn sie sich häufig mit gewalthaltigen Medien beschäftigen.

Auf die Dauer kann die Nutzung solcher Medien aber auch zur Ausbildung angstvoller Weltbilder führen, indem Kinder dann ihre Umwelt als bedrohlich und ihre Mitmenschen als wenig vertrauenswürdig ansehen.

Und schließlich können Kinder auch aggressive oder gewalttätige Lösungsstrategien lernen, da in den Medien Gewalt häufig als probates oder einzig sinnvolles Mittel zur Problemlösung dargestellt wird.

Unter welchen Bedingungen treten solche Wirkungen ein?

Bei alledem ist jedoch eines wichtig zu bedenken: Solche Wirkungen treten nur unter bestimmten Bedingungen auf. Viele Einflussfaktoren spielen hierbei eine Rolle: nicht nur das jeweilige Medium und die Art der dort enthaltenen Gewalt, sondern auch das einzelne Kind mit seiner Medienkompetenz, seinen Gewohnheiten und Erlebnissen bei der Nutzung gewalthaltiger Medien, aber auch mit seinen familiären und außerfamiliären Erfahrungen (siehe hierzu Kapitel 3.2).

Darüber hinaus ist zu berücksichtigen, welche Rolle ein Kind bei der Nutzung gewalthaltiger Medien einnimmt, das heißt, ob es sich um die Zuwendung zu gewalthaltigen Inhalten in Film, Fernsehen oder Hörspielen handelt, oder aber ein Kind selbst als Akteur in einem Computerspiel beteiligt ist:

In ersterem Fall, wenn das Kind beispielsweise einen gewalthaltigen Film anschaut, tut es dies als außenstehender Beobachter, der die Gewalthandlungen anderer und entsprechende Konsequenzen wahrnimmt und bewertet. Dabei kann es in Angst und Schrecken versetzt werden und möglicherweise auch anschließend das Fernseherlebnis nur schwer verarbeiten, vor allem wenn ihm bei der Verarbeitung dann keiner hilft. Längerfristig kann eine häufige Konfrontation mit solchen Inhalten einerseits zur Ausbildung von Ängstlichkeit beitragen, andererseits aber auch dazu führen, dass auf die Dauer die Gewaltbereitschaft zunimmt und aggressive bis gewalttätige Verhaltensgewohnheiten entwickelt werden.

Im Gegensatz dazu ist das Kind bei gewalthaltigen Computerspielen keineswegs nur Beobachter, sondern selbst aktiv. Dabei kann es quasi „am eigenen Leib" erfahren, dass Gewalt oft zum Erfolg führt und sogar – etwa über Spielpunkte – direkt belohnt wird. Mitgefühl mit den Opfern hat im Computerspiel ebenso keinen Platz wie die Berücksichtigung ethischer Werte, beides steht dem Fortgang des Spiels sogar im Weg. Und auch wenn man im Spiel selbst in eine bedrohliche Lage gerät, erfährt man, wie man durch eigene Gewaltanwendung die Bedrohung abwenden kann. Längerfristig können sich hieraus insgesamt unter Umständen höchst negative Folgen ergeben.

12.3 Wie können Eltern solchen Wirkungsrisiken vorbeugen?

Versuchen Sie zunächst herauszufinden, mit welchen gewalthaltigen Medien sich Ihr Kind häufig beschäftigt und welche Anliegen zugrunde liegen, aber auch wie es die Inhalte verarbeitet und welche Wirkungen zu beobachten sind. Nur so können Sie die Medienerziehung auf Ihr Kind abstimmen.

Reglementierung und Kontrolle sind immer dann wichtig, wenn es um gesetzlich verbotene, nicht altersgerechte oder für Ihr Kind schwer zu verkraftende gewalthaltige Medien geht.

Um zu verhindern, dass Kinder unerwünscht auf Gewaltinhalte stoßen, bieten sich zum einen gegebenenfalls technische Vorkehrungen an, die Kindern den Zugang zu solchen Medien sperren. Zum anderen kann es für Eltern hilfreich sein, sich an Alterskennzeichnungen einzelner Angebote (vor allem Filme und Computerspiele) und auch an den dabei zugrunde gelegten Kriterien zu orientieren (siehe Kapitel 5).

Aber auch die Kinder selbst müssen Kriterien für die Auswahl geeigneter Medien entwickeln und lernen, wie sie vermeiden können, unerwünscht auf Gewaltinhalte zu treffen. Sprechen Sie mit Ihrem Kind über Ihre Kriterien und machen Sie ihm klar, dass dabei auch seine eigenen Wirkungserfahrungen wichtig sind.

Falls Kinder – gegebenenfalls unbeabsichtigt – mit Gewaltinhalten konfrontiert werden, sollten sie über Strategien verfügen, wie sie solche Inhalte in einer für sie verträglichen Weise verarbeiten und sich vor unerwünschten Wirkungen schützen können. Versuchen Sie deshalb, Ihrem Kind solche Strategien – insbesondere durch Gespräche – an die Hand zu geben. Versorgen Sie Ihr Kind auch mit Informationen etwa darüber, mit welchen Tricks die Produktion realistisch wirkender Gewaltdarstellungen arbeitet (zum Beispiel durch Einsatz von Stuntmen oder durch Computeranimation).

Und nicht zuletzt ist es wichtig, dass Sie mit Ihrem Kind über Gewalt als Strategie zur Bewältigung von Konflikten oder Frust sprechen und ihm dabei alternative Bewältigungsmöglichkeiten aufzeigen.

Wenn Sie sich mit dem Thema weiter auseinandersetzen möchten, empfehlen wir Ihnen die im Anhang angegebenen Adressen Nr. 5 und 16.

13 MUSIK IN MEDIEN

Heutzutage kann man auf vielfältige Weise Musik hören: Neben diversen Abspielgeräten wie CD-, DVD- und MP3-Player, Computer, Discman oder Handy, ist an Musiksendungen im Radio, Internet oder Fernsehen (zum Beispiel auf Musikkanälen wie MTV oder VIVA) und nicht zuletzt an Musikvideos (zum Beispiel im Internet) zu denken.

13.1 Der besondere Stellenwert von Musik im Alltag von Kindern und Jugendlichen

Für Kinder und Jugendliche ist Musik ein selbstverständlicher und wichtiger Begleiter des Alltags. Gerade ab dem Teenie-Alter nimmt der Stellenwert von Musik kontinuierlich zu: Musikidole werden zu Vorbildern, und Musiktitel und -idole ein beliebtes Gesprächsthema. Nicht selten gilt dann der „richtige" Musikgeschmack als ein Kriterium zur Abgrenzung auch von den Eltern und als verbindendes Merkmal einer Clique oder einer bestimmten Jugendkultur.

Die besondere Bedeutung von Musik lässt sich noch weiter erklären: Musikhören geht mit intensiven Gefühlen einher – die berühmte „Gänsehaut" ist hierfür ein Beispiel. Musik wird deshalb – wie bewusst auch immer – zur Regulierung eigener Stimmungen eingesetzt: etwa um sich von Problemen abzulenken, „Frust rauszulassen" und Ärger abzubauen, oder aber um sich aufzuputschen. Musikhören ermöglicht zudem neben dem Genuss als solchem, sich zu entspannen und zu träumen. Und nicht zuletzt wird sie dazu verwendet, monotone oder ungeliebte Tätigkeiten aufzuwerten, indem sie etwa als Klangtapete auf dem Schulweg oder bei den Hausaufgaben dient.

13.2 Wirkungsrisiken

Aus der Nutzung solcher Möglichkeiten des Musikhörens können sich unmittelbare Wirkungen einstellen, die je nach Nutzungsweise natürlich unterschiedlich ausfallen und zu bewerten sind. Wichtiger zu bedenken sind aber mögliche längerfristige Wirkungen, die teilweise als Risiken einzustufen sind. Neben gesundheitlichen Folgen etwa durch Hören von zu lauter Musik oder durch die Nutzung mobiler Musikgeräte im Straßenverkehr gehören hierzu Wirkungen, die mit bestimmten Musikrichtungen verbunden sein können, wenn sich Kinder häufig mit solcher Musik beschäftigen.

Gibt es Handlungsbedarf?

Dies gilt insbesondere für jugendgefährdende beziehungsweise entwicklungsbeeinträchtigende Inhalte von Musikstücken und -videos, angefangen von pornografischen, diskriminierenden oder gesellschaftsfeindlichen Inhalten, bis hin zu drogen- oder gewaltverherrlichenden Botschaften. Wenn sich Kinder solchen Inhalten wiederholt aussetzen, sind problematische Auswirkungen etwa auf ihre Überzeugungen und Wertvorstellungen, aber auch auf ihr Verhalten nicht auszuschließen. Jedoch auch das Hören weniger extremer Musikinhalte kann zu unerwünschten Entwicklungen beitragen, zum Beispiel mit Blick auf das Weltbild und auf Vorstellungen zu Liebe, Sexualität oder Gerechtigkeit.

Weitere Risiken können sich ergeben durch

- massives Abkapseln von der Umwelt, indem ständig der Kopfhörer aufgesetzt wird,
- Konzentrationsprobleme durch ablenkende Musik bei den Hausaufgaben,
- illegales Kopieren und Weitergeben urheberrechtsgeschützter, indizierter oder beschlagnahmter Musikinhalte (siehe Kapitel 16).

13.3 Anforderungen an die Eltern

Der folgende Kasten enthält einige Tipps, was Eltern tun sollten, um den genannten Risiken zu begegnen beziehungsweise vorzubeugen.

Was sollten Eltern tun?

- Anders als etwa bei Filmen oder Computerspielen, gibt es für Musik keine Alterskennzeichnung. Kümmern Sie sich deshalb darum, was für Musik Ihr Kind hört.
- Seien Sie angesichts indizierter oder beschlagnahmter Inhalte wachsam. Schauen Sie sich aber auch die Musikidole genauer an.
- Gerade dann, wenn Kinder mit der teilweise derben Sprache aus Musikstücken Grenzen überschreiten, sind Gespräche angesagt.

- Themen wie Diskriminierung, Gewalt, Verherrlichung von Drogen und so weiter sollten ohnehin diskutiert und schon frühzeitig angeschnitten werden.

- Was Ihr Kind an Musik aktuell bevorzugt, gibt Ihnen gegebenenfalls auch einen Zugang dazu, was es gerade fühlt, und kann Ausgangspunkt für Gespräche sein. Werten Sie diese Musik dabei aber nicht ab.

- Sie sollten Ihre Kinder auch auf die rechtliche Problematik und auf gesundheitliche Risiken hinweisen.

Weitere Informationen und Tipps finden Sie in der Broschüre „Hip-Hop-Musik in der Spruchpraxis der Bundesprüfstelle für jugendgefährdende Medien (BPjM) – Rechtliche Bewertung und medienpädagogischer Umgang". Sie ist bei der BPjM erhältlich (siehe Nr. 5 im Anhang).

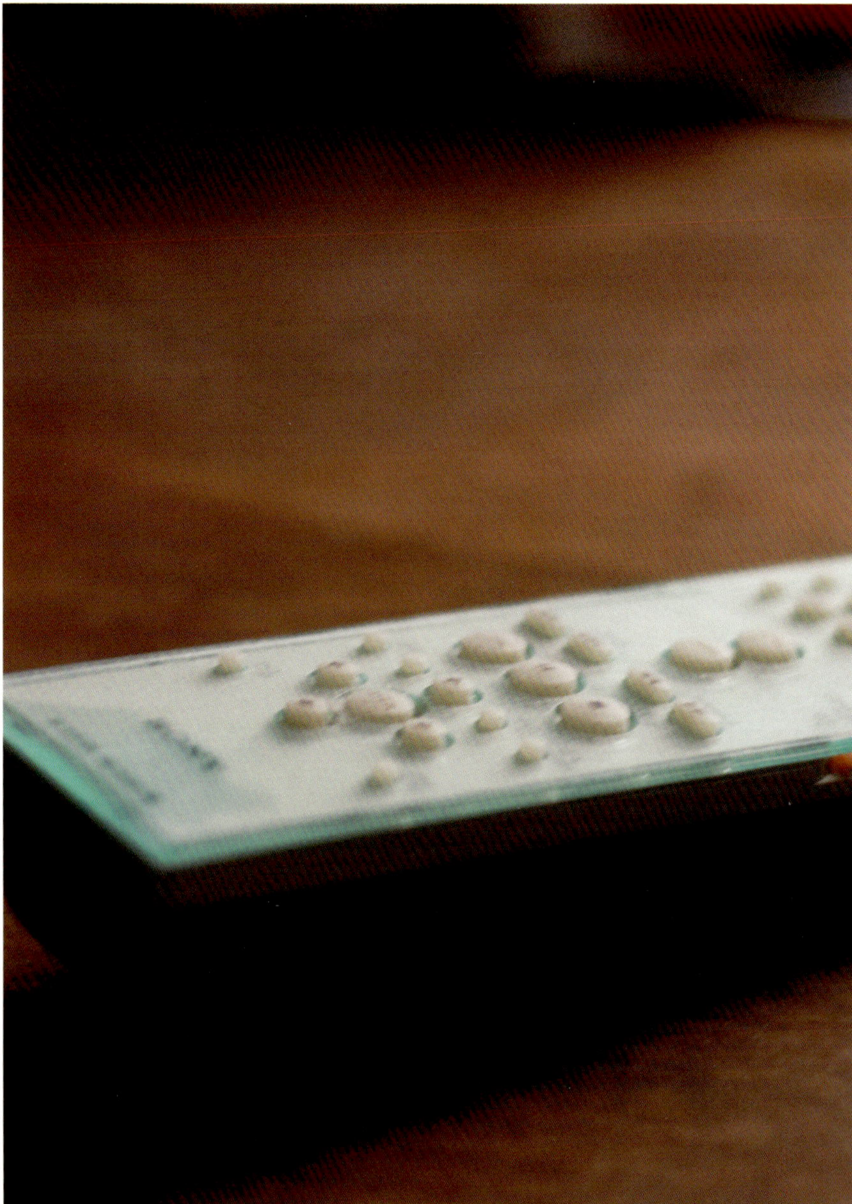

14 KINDER UND WERBUNG

Kinder treffen bei den heutigen Medien in verschiedenster Weise auf Werbung: auf Werbespots in Fernsehen, Kino und Radio, auf Anzeigen in Zeitschriften, auf „Werbebanner" im Internet, auf „Sponsoring" von Video-Podcasts und direkte Lockangebote per E-Mail oder SMS – um nur einige Beispiele zu nennen. Da das Fernsehen das von Kindern meistgenutzte Medium ist, werden sie hier am häufigsten mit Werbung konfrontiert, wobei dann ein beachtlicher Anteil der Zeit, die sie mit Fernsehen verbringen, auf Werbung entfällt.

Solange es sich dabei um Werbespots handelt, ist es für Kinder zumindest ab dem Grundschulalter kaum mehr schwer, **Werbung als solche zu erkennen**. Weniger leicht ist es für sie dagegen, Verkaufssendungen oder etwa das „Sponsoring" von TV-Sendungen (zum Beispiel: „Diese Sendung wird Ihnen präsentiert von ...") als **Werbestrategie zu durchschauen**. Und noch schwerer fällt es ihnen, „Merchandising"-Produkte als **Werbeträger zu erkennen**, also eine TV-Serienfigur als Spielzeug, das Logo eines Computerspiels als Aufdruck auf einem T-Shirt oder den Slogan einer Firma als Klingelton, der zum kostenlosen Herunterladen angeboten wird.

Angesichts dieser Vielfalt ist bereits einleuchtend, dass Werbung in der Medienerziehung eine Rolle spielen sollte, wenn Eltern ihre Kinder zum kritischen Umgang mit Werbung erziehen möchten.

Relevant für Eltern ist dieser Themenbereich aber auch, weil Kinder von der Werbung nicht nur als lukrative Zielgruppe mit eigener Kaufkraft angesprochen werden. Vielmehr bezwecken manche Werbestrategien auch, Kinder dazu zu veranlassen, Kaufentscheidungen ihrer Eltern zu beeinflussen. Und sowohl die gegebenenfalls durch Werbung geförderten Konsumwünsche der Kinder als auch ihr Einfluss auf das elterliche Kaufverhalten führen nicht selten zu Konflikten in der Familie.

Soweit sprechen bereits etliche Gründe dafür, auch Werbung zum Gegenstand von Medienerziehung zu machen. Neben den unmittelbar auf Konsumorientierung und -verhalten bezogenen Wirkungen gibt es aber mindestens ebenso wesentliche Gründe, die mit einer anderen Art von Werbewirkungen zusammenhängen: Werbung kann nämlich auch dazu beitragen, dass Ihr Kind längerfristig bestimmte Stereotype (zum Beispiel Rollenklischees) und unangemessene Erwartungen aus der Werbung ableitet und sich solche Normen und Ideale aneignet, die Ihren Erziehungszielen zuwiderlaufen oder höchst negative Auswirkungen haben. Man denke etwa an den „Schlankheitswahn“ und dessen Folgen.

Tatsächlich müssen Sie selbst entscheiden, was Sie über Werbung und Werbewirkungen denken, und dementsprechend auch, ob und mit welchem Ziel Werbung bei der Medienerziehung in Ihrer Familie eine Rolle spielen soll.

Wir halten es jedoch für angebracht, Kinder zu einer kritischen Auseinandersetzung mit Werbung zu erziehen und ihnen sogenannte „Werbekompetenz“ zu vermitteln, wozu nicht zuletzt Folgendes gehören sollte:

- Kinder frühzeitig über Kennzeichen und Ziele von Werbung aufklären,
- sie auf die Vielfalt an Werbestrategien und -wirkungen aufmerksam machen,
- ihnen klar machen, wie sehr man sich unbewusst durch Werbung beeinflussen lässt.

Kinder von Werbung gänzlich abzuschirmen, ist dagegen weder sinnvoll noch vollständig möglich. So lange aber Ihr Kind noch nicht genügend Medienkompetenz entwickelt hat, empfiehlt es sich, es nicht zu viel mit Werbung in Berührung kommen zu lassen. Mit Blick auf das Fernsehen kann dabei die Senderauswahl helfen. Es eignen sich dann eher die öffentlich-rechtlichen Sender und je nach Alter vor allem der KI.KA. Auch im Internet gibt es werbefreie Angebote, wie beispielsweise die Kinderportale „Internet-ABC“ oder „Blinde-Kuh“. Für das Surfen außerhalb solcher speziellen Kinderseiten sind technische Möglichkeiten vorhanden, um Werbung weitestgehend herauszufiltern, zum Beispiel durch Ad- und Pop-up-Blocker.

Sollte Ihr Kind ein eigenes E-Mail-Konto besitzen, so ist es ratsam, einen Spamfilter einzurichten, um Werbemails mit zum Teil seltsamen Inhalten, zum Beispiel sogenannte „Porno-Spams“, zu blockieren.

15 MEDIEN ALS KOSTENFALLEN

Vielleicht kennen Sie aus eigener Erfahrung, aus Erzählungen von Bekannten oder aus Medienberichten den Fall, dass jemand im Internet unwissentlich ein Abonnement abgeschlossen hat oder einen Kaufvertrag eingegangen ist, ohne dies zu wollen beziehungsweise zu bemerken. Manchmal erhält man dann überraschend Rechnungen oder Mahnungen und weiß nicht, wie man sich verhalten soll. Auch Kinder und deren Eltern sind hiervon leider zunehmend als Zielgruppe beziehungsweise Opfer betroffen.

Insgesamt gilt: Gerade wenn Kinder mit Medien umgehen, sind Kostenfallen (ungewollte Kosten oder Betrug) ein wichtiges Thema auch für die Medienerziehung. Dieses Kapitel gibt Ihnen einen Überblick über mögliche Kostenfallen sowie Tipps und weiterführende Informationen (zu rechtlichen Aspekten siehe Kapitel 16).

15.1 Wie können ungewollt Kosten entstehen?

Nahezu jedes Produkt kann online gekauft werden. Hierbei kann es besonders Kindern und Jugendlichen passieren, dass sie unwissentlich beziehungsweise versehentlich einem Kauf zustimmen oder die anfallenden Kosten unterschätzen.

Besonders beliebt bei Kindern und Jugendlichen sind Logos, Klingeltöne und Spiele. Wenn man nicht darauf achtet, erwirbt man beim Kauf nicht nur einen einzigen Artikel, sondern ein Abonnement.

In manchen Fällen können darüber hinaus Tricks und Betrug in Kostenfallen locken und zu **unerwarteten finanziellen Belastungen führen.**

Bekannte Methoden der Abzocke im Internet und über das Handy sind beispielsweise folgende:

- **Vermeintliche Gratisdienste** geben sich als kostenfrei aus, stellen sich dann aber als kostenpflichtig heraus: Es werden Gratisangebote wie Bilder, Witze, Hausaufgabenhilfe gemacht, zu denen man jedoch ein Formularfeld mit persönlichen Daten ausfüllen soll, um an das Produkt zu gelangen. Nur im Kleingedruckten hätte man sehen können, dass man damit gleichzeitig ein kostenpflichtiges Abonnement abschließt.

- **Vermeintliche Gewinnbenachrichtigungen** in Form von E-Mails oder Pop-Ups versprechen einem angeblichen Glücksspielgewinner die Auszahlung von Barsummen oder die Aushändigung teurer Produkte. Um den Gewinn zu erhalten, soll man vorab eine Bearbeitungs- oder Transfergebühr bezahlen (daher wird dieser Trick auch „Vorschussbetrug" genannt). Eine andere Variante dieser Masche ist eine teure Gewinnhotline, die der „Gewinner" anrufen soll.

- **Dialer** sind Programme, die ähnlich wie Viren auf Computer und Handys gelangen können. Sie wählen teure Telefonnummern an und treiben so die Rechnung in die Höhe.

- **Phishing** bezeichnet das Ausspionieren und Sammeln von persönlichen Daten (Name, Adresse, Kontaktdaten), Benutzernamen und Kennwörtern sowie von Bank- und Kreditkartendaten. Ein trickreiches Vorgehen stellt der Versand von E-Mails dar, die scheinbar vom eigenen Bankinstitut oder anderen bekannten Internetanbietern stammen. In den Mails befindet sich meist ein Link, der zu einer authentisch wirkenden Internetseite führt. Meldet man sich mit seinem Passwort auf der gefälschten Internetseite an, haben unbekannte Dritte die Möglichkeit, diese Daten und Informationen zu nutzen.

- **Lockanrufe und Flirtangebote** zielen darauf ab, dass man nach einmaligem Anklingeln eine teure Telefonnummer zurückruft oder eine SMS an kostenpflichtige Nummern sendet.

- **Mangelnde Sicherheitseinstellungen** an Handy und Computer können zu Missbrauch vonseiten Dritter führen. Über ungesicherte Funkverbindungen können sie sich dieser bedienen und so für den Besitzer Kosten verursachen.

15.2 Wie lässt sich das Risiko mindern?

Kinder und Jugendliche sind oft unbedarft im Umgang mit persönlichen Informationen und können eventuelle Konsequenzen von Mausklicks nicht richtig einschätzen. Einige Tipps können helfen, Probleme im Vorhinein zu umgehen.

Generell ist Vorsicht geboten!

- Oft entlarven Kleingedrucktes, allgemeine Geschäftsbedingungen oder Recherchen im Internet unseriöse Anbieter.
- Klären Sie Ihr Kind über Strategien unseriöser Anbieter auf und vermitteln Sie ein gesundes Misstrauen gegenüber kostenfreien Angeboten im Internet.
- Hilfreich können auch Abmachungen darüber sein, in welchem Umfang teure Funktionen beziehungsweise Dienste genutzt werden dürfen – zum Beispiel mit dem Handy ins Internet gehen – und wann das Kind Sie fragen soll, bevor es finanziell riskante Aktionen ausführt.
- Persönliche Daten sollten niemals an Unbekannte weitergegeben werden.
- Sperren Sie gegebenenfalls teure Telefonnummern und nehmen Sie Sicherheitseinstellungen an Computer und Handy vor.
- Finanzielle Risiken können auch entstehen, wenn rechtliche Bestimmungen wie etwa das Urheberrecht verletzt werden.

Bei Problemen ist es ratsam, sich über rechtliche Aspekte und Ihre Handlungsmöglichkeiten zu informieren (siehe Kapitel 16).

Weitere Informationen finden Sie hier:

- Homepages der Verbraucherzentralen Hamburg (www.vzhh.de, in der Rubrik „Telefon“), Schleswig-Holstein (www.verbraucherzentrale-sh.de, in der Rubrik „Medien + Telekommunikation“) und Rheinlandpfalz (www.verbraucherzentrale-rlp.de, in der Rubrik „Digitale Medien – Internet, Telefon, Fernsehen“)
- Informationsbroschüre „Handy und Internet – Tipps gegen Kostenfallen“, bestellbar beim Ministerium für Umwelt, Forsten und Verbraucherschutz Rheinland-Pfalz per Telefon (06131/164468) oder im Internet (www.mufv.rlp.de/?id=4277)
- Elternseiten von Internet-ABC (siehe Anhang Nr. 8) mit ihrem umfangreichen Angebot an Informationen zu Abzock-Strategien und Gegenmaßnahmen

16 RECHTLICHE PROBLEME

An mehreren Stellen dieses Ratgebers wurde deutlich, dass beim Umgang mit Medien teilweise auch rechtliche Aspekte zu beachten sind. Wie immer sind solche Rechtsfragen jedoch sehr vielfältig: Je nach Medium, Medieninhalt oder Art des Mediengebrauchs – zum Beispiel Medieninhalte nutzen, beschaffen, kopieren oder verbreiten; Verträge abschließen oder etwas bestellen – können unterschiedliche Kontrollinstanzen zuständig, verschiedene Rechtsbereiche betroffen oder unterschiedliche gesetzliche Regelungen relevant sein.

Sich mit dem Thema ‚Recht' auseinander zu setzen und auch die Kinder über entsprechende Risiken aufzuklären, ist immens wichtig, denn mangelndes Wissen schützt Eltern und Kinder nicht vor den möglicherweise weitreichenden Konsequenzen.

16.1 Gesetzliche Regelungen

Zunächst geben wir Ihnen einen groben Überblick über rechtsrelevante Einstufungen von Medieninhalten und zuständige Institutionen (für grundlegende Informationen zu den verschiedenen Alterskennzeichnungen im Rahmen des Jugendmedienschutzes und den jeweiligen Institutionen siehe auch Kapitel 5.1).

Leider benötigt man etliche juristische Kenntnisse, um möglichen Rechtsverstößen vorzubeugen und sich Unannehmlichkeiten zu ersparen, aber auch um seine eigenen Rechte wahrnehmen zu können. Hinzu kommt, dass sich rechtliche Grundlagen und Rechtsprechung ständig ändern, sodass man sich soweit wie möglich jeweils auf den aktuellen Stand bringen muss.

<table>
<tr><th>Rechtsrelevante Inhalte</th><th>Zuständige Institutionen</th></tr>
<tr><td>(1) „keine Jugendfreigabe“
(höchste Kategorie bei Alterseinstufungen)</td><td>Freiwillige Selbstkontrolle (z.B. USK, FSK)
Kommission Jugendmedienschutz (KJM)</td></tr>
<tr><td>(2) indiziert im Sinne von „jugendgefährdend“</td><td>Bundesprüfstelle für jugendgefährdende Medien (BPjM) und KJM</td></tr>
<tr><td>(3) indiziert im Sinne von „schwer jugendgefährdend“</td><td>BPjM und KJM; gegebenenfalls Strafbehörden oder Jugendamt</td></tr>
<tr><td>(4) beschlagnahmt im Sinne von „sozial schädlich“</td><td>Strafbehörden; gegebenenfalls Jugendamt</td></tr>
<tr><td colspan="2">Die Medieninhalte sind nach ihrem Gefährdungpotenzial sortiert.
Die Kategorien 1 bis 4 betreffen vorwiegend den Jugendmedienschutz, der vor allem sicherstellen soll, dass Kinder und Jugendliche nicht mit solchen Inhalten konfrontiert werden, beziehungsweise ein Zugang durch Abgabe-, Vertriebs- und Werbeverbote erschwert wird.
Inhalte der Kategorie 4 (zum Teil auch 3) werden sogar für Erwachsene als ungeeignet bezeichnet. Tatbestandsmerkmale in Kategorie 3 und 4 reichen von verfassungswidriger Propaganda und Diskriminierung, über besonders grausame Darstellungen von Gewalt und Anleiten zu schweren Straftaten, bis hin zu Kinderpornografie.</td></tr>
<tr><td>(5) nicht autorisierte Aufnahmen (Video, Foto und so weiter) im Sinne des „Persönlichkeitsrechts“</td><td>zivilrechtlicher Kläger („Opfer“); gegebenenfalls Strafbehörden</td></tr>
<tr><td>(6) urheberrechtlich geschützt</td><td>Urheberrechtsvertreter, Gericht</td></tr>
<tr><td>(7) beleidigend/verleumdend etc.</td><td>zivilrechtlicher Kläger („Opfer“), Straf- oder Zivilgerichtsbarkeit</td></tr>
</table>

Die gesamte Rechtsmaterie ist natürlich höchst komplex. Im Folgenden wollen wir jedoch nur einige ausgewählte Informationen zusammenfassen. Genaueres können Sie den in Kapitel 16.2 angegebenen Adressen entnehmen.

Manche Medieninhalte darf man Kindern auf keinen Fall zugänglich machen. Dies gilt insbesondere für Medienangebote, die nicht für Minderjährige geeignet sind oder deren Verbreitung generell verboten ist, zum Beispiel beschlagnahmte Inhalte. Strafrelevant ist dies in erster Linie für die Anbieter- und Verkäuferseite, es kann aber auch Tausch- oder Kaufgeschäfte etwa auf dem Schulhof betreffen. Machen Eltern ihren Kindern solche Medieninhalte zugänglich, so ist dies, abgesehen von Ausnahmefällen (Strafrecht), vor allem eine Sorgerechtsfrage.

Bei manchen Angeboten sind Beschaffung, Besitz und sogar Nutzung generell strafbar (zum Beispiel Kinderpornografie, extreme Formen sonstiger Pornografie). Auch der Besitz von extrem grausamen oder unmenschlichen Gewaltdarstellungen (§ 131 StGB) etwa auf dem Handyspeicher kann problematisch werden, da dies als „Vorrätig halten" zum Zwecke der Weiterverbreitung angesehen werden kann.

Verstöße gegen das Urheberrecht können richtig teuer werden. Kritisch ist die Veröffentlichung oder Weitergabe von urheberrechtlich geschützten Werken (Videos, Bilder, Musik oder ähnliches, soweit geschützt), etwa wenn man seine Musiksammlung auf Tauschbörsen im Internet zugänglich macht oder ein Foto seines Idols auf die eigene Homepage setzt. Auch beim Download, insbesondere von Musik, Filmen oder Software, muss man aufpassen: Außerhalb von offiziellen Kauf- oder Gratisangeboten ist dies bis auf wenige Ausnahmen illegal.

Fotografieren oder Erstellen von Ton- oder Videoaufnahmen kann problematisch sein. So darf hierbei der „höchstpersönliche Lebensbereich" einer Person nicht verletzt werden (§ 201a StGB). Ebenso darf man nicht etwa zu Handlungen auffordern, die als solche (straf)rechtlich relevant sind, wie Anstachelung zu Gewalt zum Beispiel bei „Happy Slapping". Auch kann der Tatbestand der unterlassenen Hilfeleistung erfüllt sein, wenn zum Beispiel ein Handy-Filmer ein Opfer filmt statt zu helfen.

Die Veröffentlichung selbst produzierter Inhalte kann rechtliche Konsequenzen haben, wenn man eigene Bild-, Video- oder Tonaufnahmen anderer Personen ohne deren Einverständnis ins Netz stellt.

16.2 Einige Tipps und weiterführende Informationen

Gerade weil sich aus dem Medienumgang etliche juristische Probleme ergeben können, sollte man wissen, wie man sich im Zweifelsfall verhalten kann. Hierzu geben wir Ihnen abschließend einige Anregungen wie auch Hinweise darauf, wo Sie weiterführende Informationen finden oder sich juristisch beraten lassen können.

Einige Tipps

- Gegen vieles im Internet kann man sich wehren. Dies gilt etwa dann, wenn man im Internet oder per Handy beleidigt, bloßgestellt, verleumdet oder bedroht wird, oder wenn Kinder von Erwachsenen sexuell belästigt werden – sogenanntes „Grooming“. Wer sich in den genannten Fällen beraten lassen oder beschweren möchte, kann sich an die im Anhang angegebene Adresse Nr. 3 wenden. Rechtsmittel stehen auch zur Verfügung, wenn ein Internetdienst nachweislich gegen Datenschutzrichtlinien verstößt, zum Beispiel persönliche Daten ohne Einwilligung an Dritte weitergibt.

- Rechnungen muss man nicht immer bezahlen. Nicht bezahlen müssen Sie, wenn Ihr Kind per Handy oder im Internet ohne Ihr Wissen Verträge eingegangen ist, etwas gekauft oder teure Abos abgeschlossen hat. Solche Rechtsgeschäfte sind ohne Einwilligung der Eltern zumeist unwirksam. Generell nicht zahlen muss man bei dubiosen Geschäften, Betrug und „Abzocke“ (auch Dialer), da dies ohnehin verboten ist.

Folgende Adressen können Ihnen weiterhelfen:

- Für einen genaueren Überblick über die oben angesprochenen Rechtsthemen empfehlen sich die Internetseiten und Broschüren des Programms Polizeiliche Kriminalprävention (ProPK) (Anhang Nr. 14).

- Klicksafe.de (Nr. 10 im Anhang) bietet unter der Rubrik ‚Themen’ in seinem Internetportal (www.klicksafe.de) zahlreiche Informationen und Broschüren zu Jugendmedienschutz, Urheberrecht, Datenschutz und Persönlichkeitsrecht. Die Rechtslage bezüglich Verträgen und Abzocke inklusive wertvoller Verhaltenstipps finden Sie hier ebenfalls.

- Speziell zum Thema Abzocke, auch bezogen auf Dialer, ist das Angebot von computerbetrug.de empfehlenswert.

- Ein guter Ansprechpartner für seltsame Verträge und Zahlungsaufforderungen sind die Verbraucherzentralen (www.verbraucherzentrale.info).

- Speziell zum Jugendmedienschutz und zu indizierten und beschlagnahmten Medien informieren Sie sich am besten bei der BPjM (Nr. 5 im Anhang) oder besorgen sich beim BMFSFJ (Nr. 4 im Anhang) die Broschüre „Jugendschutzgesetz und Jugendmedienschutz-Staatsvertrag der Länder“, in der einzelne Gesetze auch verständlich erläutert werden.

- Wer Gesetzestexte im Original einsehen möchte und Beispiele aus der aktuellen Rechtsprechung sucht, wird in folgenden Datenbanken fündig: dejure.org ; juris.de ; www.gesetze-im-internet.de.

1. Aktion Jugendschutz, Landesarbeitsstelle Bayern e.V.
Fasaneriestraße 17, 80636 München, Telefon 089/1215730,
www.bayern.jugendschutz.de
Ein breites Angebot an Broschüren und Flyern zur Medienerziehung (auch von anderen Anbietern) sind in der Rubrik „Medienpädagogik" unter „Materialdienst" zentral bestellbar. Fragen und Antworten im Service-Bereich unter „FAQs". Ebenfalls eine umfangreiche nach Themen geordnete Link-Liste unter anderem zu Institutionen des Jugendmedienschutzes.
Die Aktion Jugendschutz Schleswig-Holstein e.V. bietet unter www.akjs.de ebenfalls hilfreiche Informationen auch zu regionalen Angeboten.

2. Arbeitsgemeinschaft Kinder- und Jugendschutz (AJS) Landesstelle NRW e.V.
Poststraße 15-23, 50676 Köln, Telefon 0221/9213920, www.ajs.nrw.de
Informationsmaterial zu Themen wie Jugendschutz, Computerspiele, sexueller Missbrauch, in der Rubrik „Neue Materialien" bestellbar und unter „Wichtige Texte" zum Herunterladen. Antworten auf Fragen zum Jugendschutz in „FAQs" unter „Jugendschutzrecht", sowie unter der Hotline 0221/92139233.

3. Beratungsangebot Nummer gegen Kummer e.V.
Kleiner Werth 34, 42275 Wuppertal, Telefon (Eltern) 0800/1110550,
Telefon (Kinder und Jugendliche) 0800/1110333,
www.nummergegenkummer.de
Kostenfreie Telefon- und Online-Beratung für Kinder und Jugendliche sowie für Eltern bei Fragen und Problemen auch zum Umgang mit Medien. Spezielles Beratungsangebot zu Cybermobbing, sexueller Belästigung, Abzocke, exzessiver Mediennutzung etc.

4. Bundesministerium für Familie, Senioren, Frauen und Jugend (BMFSFJ)
Alexanderstraße 3, 11018 Berlin, Telefon 03018-555-0, www.bmfsfj.de
Broschüren zu Themen wie Fernsehen, Handy, Kinder und das Internet, Spiel- und Lernsoftware oder Sicherheit im Chat in der Rubrik „Publikationen" unter „Kinder und Jugend" bestellbar oder herunterzuladen. Relevante Jugendschutzbestimmungen im Bereich „Gesetze". Empfehlungen und Links zu externen Angeboten unter „Kinder und Jugend" in der Rubrik „Kinder- und Jugendschutz".

5. Bundesprüfstelle für jugendgefährdende Medien (BPjM)
Rochusstraße 10, 53123 Bonn, Telefon 0228-962103-0,
www.bundespruefstelle.de
Im Bereich „Jugendmedienschutz: Medienerziehung" Antworten auf Fragen zur Medienerziehung, sowie Listen mit Empfehlungen zu Filmen, Computerspielen, Internet, Handys oder Lese- und Hörmedien. Unter „Gesetzlicher Jugendmedienschutz" Informationen zu Gewalt in den Medien, Alterskennzeichnungen, Indizierung, Beschlagnahmung und jeweiligen Rechtsfolgen. Broschüren zum Bestellen oder Download unter „Publikationen". Service-Telefon 0228-376631 für Fragen zu Medienerziehung und Jugendmedienschutz.

6. FLIMMO
Programmberatung für Eltern e.V.: Bayerische Landeszentrale für neue Medien (BLM), Heinrich-Lübke-Straße 27, 81737 München, Telefon 089/63808280,
www.flimmo.de
Orientierungshilfen für Eltern von Drei- bis 13-Jährigen zum aktuellen TV-Programm und zu Filmen, hierzu Datenbanken sowie dreimal jährlich erscheinende Broschüre. Fachportal www.flimmo-fachportal.de mit Fachliteratur und Broschüren zu Medienerziehung und ausgewählten Medien (zum Beispiel TV, Internet, Handy), unter „Service" zu bestellen oder herunterzuladen. Anregungen und Hilfestellungen in der Rubrik „Medienarbeit mit Kindern". Informationen zum Medienumgang von Kindern unter „Basiswissen". Umfangreiche Link-Liste, auch für interessante Angebote anderer Institutionen.

7. fragFINN

fragFINN e.V.: Freiwillige Selbstkontrolle Multimedia-Diensteanbieter e.V., Spreeufer 5, 10178 Berlin, Telefon 030/24048430, www.fragfinn.de

Speziell für Kinder geschaffener sicherer Surfraum, basierend auf einer umfassenden Liste von Internetseiten (Whitelist), die von Medienpädagogen geprüft und als kindgerecht eingestuft wurden. Hierin Rubriken wie „Nachrichten“, „Spielen“, „Chatten“ mit Links zu geeigneten Kinder-Seiten und eigener kindgerechter Internet-Suchmaschine. Im Elternbereich Informationen zu Datenschutz, Kriterien der Whitelist, eine „Kontaktbox“ für individuelle Fragen und Anregungen sowie eine kostenfreie Kinderschutzsoftware, die sicherstellt, dass die Kinder den geschützten Raum von fragFINN nicht verlassen können.

8. Internet-ABC

Verein Internet-ABC e.V.: Landesanstalt für Medien NRW, Postfach 103443, 40025 Düsseldorf, Telefon 0211/77007172, www.internet-abc.de

Werbefreie Plattform für den Einstieg ins Internet, mit eigenen Bereichen für Kinder sowie für Eltern und Pädagogen. Im Elternbereich: Hintergrundinformationen, um Kinder beim Entdecken des Internets zu unterstützen. Umfangreiche Datenbanken mit Bewertungen von Spiel- und Lernsoftware; ein Newsletter; ein „Lexikon“ für eine Vielzahl an Begriffen rund um die neuen Medien. Große Auswahl an Links zu weiteren Angeboten, Literaturempfehlungen und Broschüren zum Herunterladen oder Bestellen. Im Kinderbereich: für Fünf- bis 12-Jährige ein sicherer Surfraum für Themen zu Internet, Schule, Spiel und Freizeit sowie Empfehlungen kindgerechter Websites.

9. jugendschutz.net

Wallstraße 11, 55122 Mainz, Telefon 06131/328520, www.jugendschutz.net

Informationen und Hilfestellungen für Eltern zu jugendschutzrelevanten Angeboten im Internet mit den Schwerpunkten „Gewaltdarstellungen“, „Rechtsextremismus“ und „Selbstgefährdung“. Broschüren und Links in der Rubrik „Hilfe für Eltern“. Aktuelle Meldungen unter „News“. Eine Beschwerdestelle mit einem Online-Beschwerdeformular zur Meldung illegaler, jugendgefährdender oder bedenklicher Angebote im Internet unter der Rubrik „Hotline“.

10. klicksafe.de
Landeszentrale für Medien und Kommunikation Rheinland-Pfalz, (LMK):
Turmstraße 10, 67059 Ludwigshafen, Telefon 0621/5202271,
www.klicksafe.de
Tipps und Materialien zur Medienkompetenzförderung sowie zum Umgang mit Computer und Internet. Broschüren und Flyer mit Tipps für Eltern, Kinder und Jugendliche, unter „Materialien" zu bestellen oder herunterzuladen. In der Rubrik „Themen": Informationen und Links zu Ratgebern, unter anderem zu Computerspielsucht. Im Bereich „Service" unter „Familie" weitere Informationen zur Elternarbeit, ein Überblick der klicksafe-Tipps sowie Linklisten für gute Kinderangebote. Newsletter und Neuigkeiten unter „Aktuelles". Angebote auch in Türkisch, Russisch und Englisch.

11. Landesanstalt für Medien Nordrhein-Westfalen (LfM)
Zollhof 2, 40221 Düsseldorf, Telefon 0211/770070, www.lfm-nrw.de
In der Rubrik „Medienkompetenz" unter „Information, Beratung, Qualifizierung" Materialien zur Förderung von Medienkompetenz zu bestellen oder herunterzuladen.

12. Medienanstalt Hamburg / Schleswig-Holstein (MA HSH)
Rathausallee 72-76, 22846 Norderstedt, Telefon 040/369005-0, www.ma-hsh.de
Links zu Adressen und Broschüren für Themen wie Fernsehen, Film und Kino, Internet und Handy im Bereich „Medienkompetenz" unter „Empfehlenswerte Materialien". Informationen, Ansprechpartner und Beratung zu aktuellen Projekten der Medienkompetenzförderung in Hamburg und Schleswig-Holstein. In der Rubrik „Aufsicht & Beratung" Kontaktformular zur Meldung von Beschwerden über Programm- und Internetangebote.

13. Programm Polizeiliche Kriminalprävention (ProPK)
Landeskriminalamt Baden-Württemberg, Taubenheimstraße 85,
70372 Stuttgart, Telefon 0711/54012062, www.polizei-beratung.de
Rubriken „Vorbeugung" und „Medienkompetenz" mit Informationen und weiterführenden Links zu den Themen Handy, Internet, Computerspiele sowie Fernsehen/Video. Broschüren und Materialien in einer örtlichen Beratungsstelle der Polizei abzuholen oder in der Rubrik „Mediathek" unter „Kommunikationsmittel" herunterzuladen.

14. mekonet (Medienkompetenz-Netzwerk NRW)
Projektbüro mekonet: ecmc Europäisches Zentrum für Medienkompetenz GmbH, Bergstraße 8, 45770 Marl, Telefon 02365/940448, www.mekonet.de
In „mekonet Themen“: Neuigkeiten, Informationen und Materialien zu Datenschutz, Sicherheit im Internet und Jugendmedienschutz. Umfangreiche Online-Datenbank „mekonet Grundbaukasten“ mit relevanten Hintergrundinformationen und Adressen. Außerdem jeweils spezielle Informationen für Eltern oder Kinder/Jugendliche. Broschüren der Reihe „mekonet kompakt“ können bestellt oder heruntergeladen werden.

15. Schau Hin!
Projektbüro „Schau Hin!“: komm.passion GmbH, Linienstraße 42, 10119 Berlin, Telefon 030/400059959, schau-hin.info
Online-Portal für Eltern zur Medienerziehung. Angebot auch auf Türkisch. In der Rubrik „Medienerziehung“: Ratgeber und Flyer zu Internet, Handy, Fernsehen und Computerspielen herunterzuladen, sowie Tipps zu einzelnen Medien. Im Bereich „Service“ Linklisten für weitere Informationen sowie eine „FAQ“-Rubrik. Außerdem spezielle Themenbereiche „Computerspielsucht“ und „Schutz von persönlichen Daten im Internet“. Alle Schau Hin - Publikationen sind auch unter der oben genannten Telefonnummer bestellbar.

16. zappen klicken surfen
(JFF - Institut für Medienpädagogik in Forschung und Praxis)
Pfälzer-Wald-Straße 64 , 81539 München , Telefon 089/689890, www.zappen-klicken-surfen.de
Informationen über Themen wie „Medien gehören zum Alltag“, „Medien machen Sorgen“ zu Konsum, Werbung, Gewalt und Gesundheit, „Schlau machen über Medien“, „Heranwachsen und Medienaneignung“ kann man unter „Arbeitsmaterial“ auswählen, nach Kategorien Vorschul-, Grundschul- und ältere Kinder filtern und ausdrucken. Wichtige Aspekte und Tipps zur Medienerziehung in der Elternbroschüre „zappen klicken surfen“ zum Herunterladen.

Hilfe und Beratung zu Fragen der Medienkompetenzförderung in Hamburg und Schleswig-Holstein finden Sie außerdem bei folgenden Einrichtungen:

Hamburger Bürger- und Ausbildungskanal TIDE
Kunst- und Mediencampus Hamburg, Finkenau 35, 22081 Hamburg, Tel. 040/32599030

Internetportal Mediennetz Hamburg
www.mediennetz-hamburg.de

Offener Kanal Schleswig-Holstein
Hamburger Chaussee 36, 24113 Kiel, Tel. 0431/640040, www.oksh.de

AUTOREN

Six, Ulrike, Prof. Dr.: Professorin für Kommunikationspsychologie und Medienpädagogik an der Universität Koblenz-Landau, Campus Landau. Leiterin des Instituts für Kommunikationspsychologie, Medienpädagogik und Sprechwissenschaft (IKMS). Dort zuständig für Forschung und Lehre vor allem im Bereich der Grundlagen und Anwendungen von Kommunikations-/Medienpsychologie und Medienpädagogik.
E-Mail: six@ikms-uni-landau.de,
Homepage: www.uni-koblenz-landau.de/landau/fb8/ikms

Gimmler, Roland, Dr.: Wissenschaftlicher Mitarbeiter am Institut für Kommunikationspsychologie, Medienpädagogik und Sprechwissenschaften (IKMS), Abteilung Kommunikationspsychologie und Medienpädagogik.
E-Mail: gimmler@ikms-uni-landau.de,
Homepage: www.uni-koblenz-landau.de/landau/fb8/ikms/ikm

Von beiden Autoren liegen zahlreiche Forschungsarbeiten und Publikationen unter anderem zur Medienerziehung vor. Darüber hinaus haben sie Erfahrungen mit der Konzeption und Durchführung von Weiterbildungsmaßnahmen zur Medienerziehung in Familie, Kindergarten und Schule.